DIREITO DE TRÂNSITO

SÉRIE ESTUDOS JURÍDICOS: DIREITO PÚBLICO

inter
saberes

Sidney Carneiro Ferraz

Rua Clara Vendramin, 58 . Mossunguê . Cep 81200-170 . Curitiba . PR . Brasil
Fone: (41) 2106-4170 . www.intersaberes.com.br . editora@editoraintersaberes.com.br

Dados Internacionais de Catalogação na Publicação (CIP)
(Câmara Brasileira do Livro, SP, Brasil)

Ferraz, Sidney Carneiro
Direito de trânsito / Sidney Carneiro Ferraz. -- Curitiba, PR : Editora Intersaberes, 2023. -- (Série estudos jurídicos: direito público)

Bibliografia.
ISBN 978-85-227-0631-0

1. Trânsito - Leis e legislação - Brasil I. Título. II. Série.

23-152205 CDU-347.81(81)(094)

Índices para catálogo sistemático:
1. Brasil: Leis: Trânsito: Direito 347.81(81)(094)
Eliane de Freitas Leite - Bibliotecária - CRB 8/8415

1ª edição, 2023.

Foi feito o depósito legal.

1ª edição especial - capa dura

Sumário

Dedico este trabalho à minha grande família: irmãos, sobrinhos, cunhadas e cunhados. Em especial, à minha doce esposa, Edilmara, pelo amor, pela compreensão, pela paciência e pelo incentivo contínuo, principalmente nessa nova etapa da minha caminhada. Em meio a uma pandemia mundial, foi capaz de se isolar comigo e trabalhar junto para que minha meta fosse alcançada. Sempre juntos, nas aventuras e nas conquistas!

Às minhas queridas filhas, Fernanda e Renata, que têm tanta compreensão com esse pai, às vezes ausente em razão de tantas tarefas e afazeres do dia a dia, e sempre encontrando tempo para novas aventuras e conquistas. Valeu, meninas!

Dedico esta obra aos meus alunos e amigos. Vocês fazem parte deste trabalho.

Desde criança, eu sempre escutei:
"O estudo é a única coisa no mundo que ninguém
vai conseguir lhe tirar, você levará o conhecimento
consigo para a vida toda, estude meu filho".
Agora entendo o significado das suas
palavras, minha mãe, meu pai.

Agradeço aos meus amigos (professores), André Peixoto de Souza e Tiemi Saito, companheiros de luta, pela confiança depositada em mim.

À professora Edilmara Silva, pela troca de experiência profissional, pela dedicação e pelo auxílio durante o período de elaboração e confecção desse material.

Às minhas colaboradoras, Fernanda Ferraz e Rafaela Carla dos Santos, pelo auxílio nas pesquisas e pela ajuda profissional durante o tempo em que fiquei ausente do escritório.

Ao meu amigo, Sr. Claudino Temóteo, pessoa humilde, com pouco estudo, mas com grandes conhecimentos da vida e muita sabedoria. Seus conhecimentos e a sua luta pela vida me incentivaram e me deram força para continuar com o meu objetivo.

Todos vocês foram fundamentais para que esta obra fosse concluída.

Obrigado a todos!

Apresentação

A necessidade humana e as grandes invenções levaram o homem a construir estradas e caminhos para se locomover, caminhos que foram e são utilizados até os dias de hoje para ir e vir, para transportar e escoar os produtos essenciais para a manutenção da vida humana. A evolução histórica do trânsito e a consequente necessidade do ser humano, desde épocas remotas, de se locomover, de ir e vir, de buscar e entregar bens para o seu consumo e de terceiros, antecederam a legislação de trânsito.

Existe a necessidade de nos locomovermos diariamente para as mais variadas necessidades: trabalho, estudo, lazer, ir aos médicos, praticar esportes, entre outras tantas atividades. Isso nos faz ser os principais atores do trânsito, sendo duplamente responsáveis, primeiramente pela condução dos veículos terrestres e, especialmente, como pedestres. O aumento do fluxo de veículos terrestres e de pedestres fez que o Estado brasileiro construísse, ao longo do tempo, várias estradas de ligações entre as principais cidades brasileiras.

Tais construções auxiliaram as cidades brasileiras a se modernizarem cada vez mais. As inovações da engenharia e as construções de grandes estradas antecederam a necessidade de legislação específica para regulamentar o trânsito.

A legislação de trânsito foi necessária para a construção e a organização dos usuários de trânsito, a fim de que os espaços públicos passassem a ser utilizados de maneira ordeira e civilizada, objetivando primordialmente a preservação da vida e a redução de danos.

Ao estudarmos o direito de trânsito, devemos ter em mente a percepção de que estaremos diante do conjunto de normas que regulamenta o agir do condutor do veículo automotor, do pedestre e de todos os usuários do trânsito. Com essa percepção, será possível analisar as condutas humanas na utilização dos veículos automotores, bem como os direitos e as punições pelas más condutas dos usuários do trânsito.

Vamos analisar os espaços públicos (vias públicas), os veículos automotores, os usuários do trânsito e as condutas humanas diante do direito de ir e vir, bem como o regramento da sociedade, por meio das normas jurídicas, como forma de tornar possível a convivência pacífica nos espaços públicos.

Conforme veremos, a base do direito de trânsito é a Constituição da República Federativa do Brasil de 1988, que fundamenta e dá validade a todas as normas jurídicas existentes no Brasil. Nesse sentido, nosso trabalho será alinhado com os princípios constitucionais fundamentais do ser humano e com todos os princípios que regem a Administração Pública. Dessa forma, ao estudar este texto, você deverá ter em mente que o direito constitucional é a regra para o estudo de todas as disciplinas de direito. Ou seja, ao estudar o direito, você deve ter em mente que a Constituição Federal é o fundamento primordial do ordenamento jurídico.

Nosso estudo acontecerá de forma transdisciplinar, buscando analisar o direito de trânsito de forma problematizada e investigar as normas dentro da realidade da sociedade contemporânea. Em vários momentos, você vai ser levado a discutir a norma jurídica, a fim de problematizar a validade e a constitucionalidade ante as condutas humanas. As reflexões propostas têm como objetivo a construção de uma sociedade plena e, principalmente, a consolidação do Estado Democrático de Direito.

Para possibilitar um melhor entendimento dos conteúdos que abordaremos, estruturamos este livro em cinco capítulos.

No Capítulo 1, intitulado "Trânsito: história", veremos a evolução histórica do trânsito: como surgiram as primeiras estradas, o fascinante Caminho do Peabiru, as construções das primeiras estradas brasileiras, a primeira locomotiva e o primeiro carro em solo brasileiro.

Além disso, trataremos dos conceitos de trânsito e do surgimento das legislações de trânsito no Brasil, bem como da necessidade da educação (reeducação) de trânsito e das normas de trânsito para a sociedade brasileira.

No Capítulo 2, intitulado "A Constituição da República Federativa do Brasil de 1988 *versus* legislação de trânsito", trataremos de alguns princípios constitucionais, entre eles o direito à vida, o direito de ir e vir e a obrigação constitucional de ensino do conteúdo de direito de trânsito nas escolas brasileiras. Ao final do capítulo, abordaremos a discussão constitucional em relação ao art. 165 do Código de Trânsito Brasileiro (CTB).

No Capítulo 3, intitulado "Trânsito no Brasil", abordaremos as nomenclaturas das rodovias brasileiras e veremos quem são os usuários do trânsito com base no CTB. Analisaremos a Lei da Política Nacional de Mobilidade Urbana (PNMU), o Sistema Nacional de Trânsito (SNT), as convenções internacionais, as resoluções, os pareceres e afins. Trataremos ainda do sistema de identificação e da regularização dos veículos automotores.

No Capítulo 4, "Legislação de trânsito", abordaremos temas centrais do CTB, como Permissão para Dirigir (PPD), infrações de trânsito, medidas administrativas e crimes de trânsito.

O Capítulo 5, "Legislação de trânsito: processo administrativo e aplicação de penalidades de veículos automotores", é destinado ao estudo dos recursos administrativos das infrações.

Iniciaremos esse capítulo abordando a possibilidade de transformar a infração em advertência. Na sequência, analisaremos a possibilidade de imputar multa à pessoa jurídica por falta de apresentação do verdadeiro infrator. Trataremos também dos trâmites, do prazo e das prescrições da defesa prévia e dos recursos, além do Seguro de Danos Pessoais Causados por Veículos Automotores de Via Terrestre (DPVAT). Ao final, faremos um breve relato das recentes alterações do CTB e dos temas que estão em discussão na atualidade.

Por fim, encerraremos nosso livro com uma breve conclusão, a fim de explanar objetivamente os assuntos abordados ao longo do texto.

Boa leitura!

Capítulo 1

Trânsito: história

Falar da origem do trânsito é voltar à era primitiva, pois, ao analisarmos a história humana, observamos que todas as atividades, desde a era primitiva, estão associadas ao deslocamento humano.

Neste primeiro capítulo, iniciaremos nosso estudo com um breve relato da evolução histórica do trânsito, os fatos que antecederam as normas de trânsito, as descobertas significantes, as trilhas, os caminhos, bem como as construções das primeiras estradas.

— 1.1 —
O surgimento do trânsito

Ao longo dos tempos, desde as civilizações antigas, com o aumento do fluxo de pessoas e a necessidade de deslocamentos por longas distâncias, passou a existir a necessidade de o homem implementar regras para a locomoção terrestre. Nesse contexto, pode-se afirmar que o caminhar humano é a forma mais antiga de trânsito.

Na era primitiva, os homens, utilizando-se de força física, carregavam e arrastavam com eles os bens que obtinham por meio da caça e da coleta de frutos que encontravam ao longo do caminho.

Para tanto, tinham de ir cada vez mais longe, necessitando caminhar longas distâncias para encontrar o que procuravam; na volta, arrastavam os bens ou os carregavam sobre os ombros e as cabeças. Com o passar dos tempos, ao aprender técnicas de produção, criar e domesticar animais, os seres humanos perceberam que poderiam utilizar a força animal para puxar os bens em geral.

No entanto, foi especialmente a descoberta da roda e a domesticação dos animais que fizeram surgir as primeiras carretas puxadas por bois da história da humanidade, fato que causou grande revolução no sistema de transporte de mercadorias.

Não existe definição em relação à época em que aconteceu essa descoberta, mas a maioria dos estudiosos afirma que a descoberta da roda se deu entre 3500 e 3700 a.C., período chamado de *Idade do Bronze*, na região da Mesopotâmia (Salgado, 2015).

Figura 1.1 – Carro de guerra sumério, detalhe do Estandarte de Ur (2500 a.C.)

Kamira/Shutterstock

A descoberta da roda fez com que surgissem várias aplicações para ela, uma delas foi a invenção da bicicleta, em 1817, pelo alemão Barão Karl von Drais. Inicialmente chamada de *draisiana*, era uma bicicleta rudimentar fabricada para ser um brinquedo e permitia algumas manobras com a ajuda do equilíbrio, tendo um modesto sistema de freios e ainda sem a propulsão por meio de pedais.

Figura 1.2 – Gravura que mostra a invenção de Von Drais

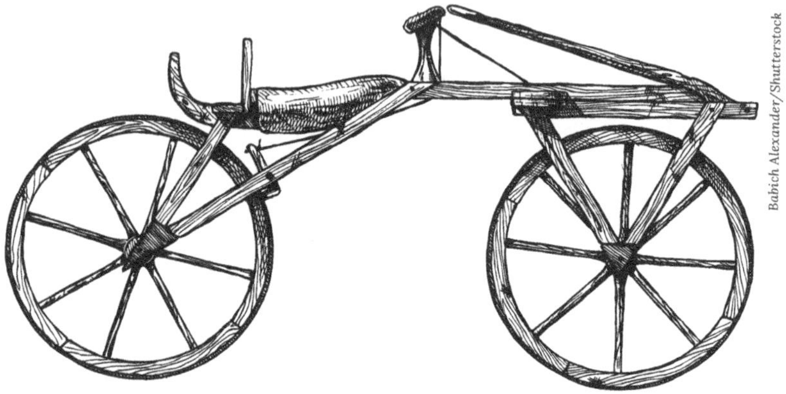

Ainda naquele século, Pierre Michaux, "apoiando-se no desenho original da draisiana, desenvolve um sistema de propulsão através de pedais introduzidos ligados diretamente à roda dianteira, recebendo o nome de Velocípede" (Abraciclo, 2015, p. 7).

Somente com o advento da Revolução Industrial, a bicicleta passou a ter a forma que conhecemos hoje e ganhou espaço como meio de transporte e lazer. Durante a segunda Revolução Industrial, no século XIX, foram criados os veículos movidos a motor, os quais também passaram a servir como meios de transportes.

As descobertas vieram a contribuir com a mão de obra e a qualidade da produção agrícola dos séculos futuros. O surgimento de máquinas e equipamentos agrícolas possibilitaram o aumento da produção, o ganho de tempo e de qualidade do trabalho rural. Tais inventos revolucionaram as técnicas agrícolas. Nesse contexto, inicialmente foi necessária a criação de estradas com o propósito de escoar os excedentes das produções agrícolas e também para o transporte de pessoas. Na contemporaneidade, as construções de rodovias modernas proporcionaram o crescimento econômico e social das cidades.

— 1.2 —
As primeiras estradas: todos os caminhos levam à Roma

Em razão das várias conquistas e, consequentemente, da grande extensão do Império Romano, houve a necessidade de se elaborar novas estratégias para o deslocamento das tropas, pois a via terrestre era mais viável do que a via marítima naquele momento. Além disso, as províncias então conquistadas pelos romanos necessitavam ser unidas, facilitando a integração do reino.

Dessa forma, surgiram os primeiros métodos de engenharia para a construção de estradas no Império Romano. Em seu auge, foram construídos mais de 85 mil km de estradas, as quais ligavam a capital as várias fronteiras do império.

Na época não existia nenhum outro império que dispunha da tecnologia utilizada pelos romanos. Tais estradas foram utilizadas com frequência até meados do século IV d.C. e ligavam as culturas da África, da China, da Índia, entre outras regiões.

Com o declínio do Império Romano, as estradas também entraram em decadência, tornando-se caminhos de invasores.

Somente séculos mais tarde, em meados do século XII, é que se iniciou uma nova fase, com a busca pelas revitalizações das rodovias já existentes. No entanto, tal interesse não prosperou por muito tempo. Em função das inúmeras guerras e também das pestes, as estradas foram novamente esquecidas no século XIV.

No entanto, mesmo depois de inúmeras guerras e da ação natural do tempo, até os dias atuais ainda se encontram vestígios dos caminhos que levavam à Roma. A imagem a seguir é parte da Via Ápia, estrada do Império Romano que se mantém preservada até os dias atuais.

Figura 1.3 – Via Ápia

Luca Saraceni/Shutterstock

A Via Ápia, em Roma, é visitada por milhões de pessoas de todas as partes do mundo todos os anos, fazendo, assim, valer o velho ditado: "**todos os caminhos levam à Roma**".

— 1.3 —
O fascinante e misterioso Caminho do Peabiru

De acordo com muitos historiadores - entre eles Rosana Bond, com a obra *História do Caminho do Peabiru* (2009), Marcos Cruz Alves, autor do livro *Peabiru: uma Aventura Quinhentista* (2010), entre outros -, o primeiro caminho brasileiro foi o Caminho do Peabiru. Os relatos apontam que, no século XVI, o caminho era utilizado para guiar os povos indígenas em suas migrações, bem como para a circulação de mercadorias e algumas missões religiosas.

O mapa do caminho impressiona pela distância entre os pontos de ligação. Pesquisas realizadas ao longo dos tempos possibilitaram aos pesquisadores apontar que a estrada tinha em média 4 mil quilômetros.

É fantástico imaginar que tal caminho foi percorrido por milhares de pessoas, como aventureiros em busca de riquezas, por missões religiosas e para a circulação de mercadorias. Veja o fantástico caminho e as ramificações no mapa a seguir (Bond, 2009).

Mapa 1.1 – Caminho do Peabiru

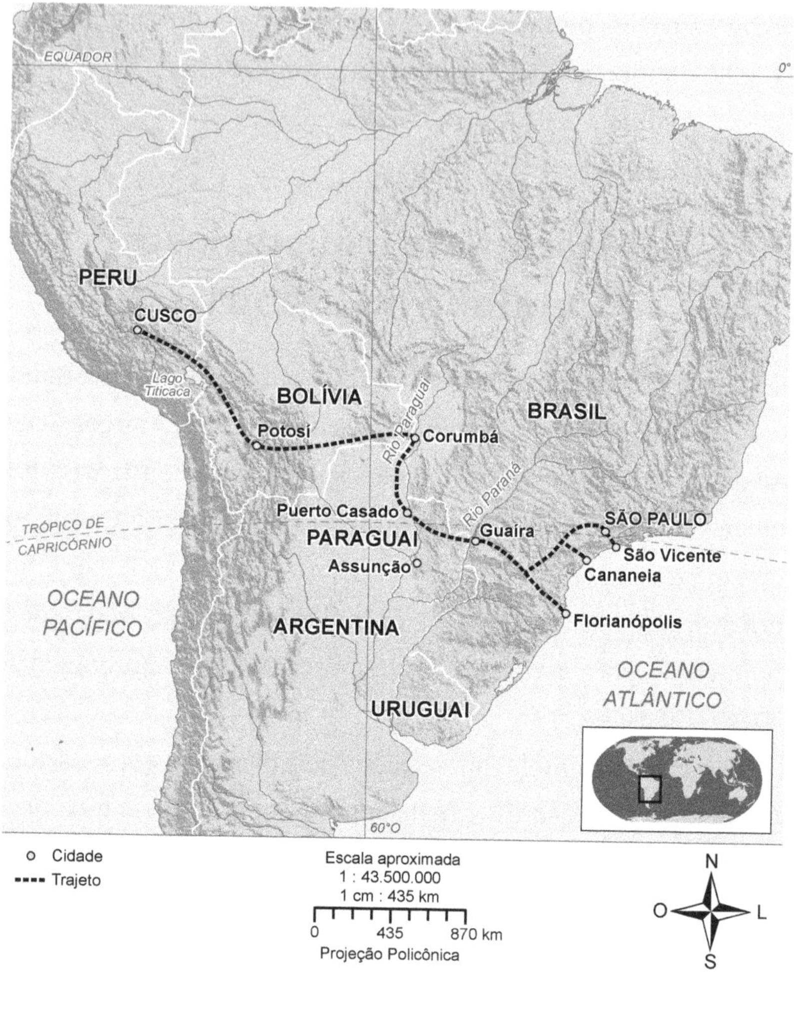

João Miguel Alves Moreira

A denominação da trilha também é um dos seus mistérios. Alguns pesquisadores atribuem a Pedro Lozano, jesuíta, autor do livro *História da conquista do Paraguai, Rio da Prata e Tucumám no século* XVII. No entanto, a cultura popular e outros tantos pesquisadores afirmam que tal nome já era utilizado em São Vicente muito antes do livro de Lozano.

O Caminho do Peabiru ligava o Brasil ao Peru, tinha saídas em São Vicente (São Paulo) e Cananeia (São Paulo), passava pelo norte do Paraná, pelo Paraguai, pela Bolívia, pela Cordilheira dos Andes e terminava no sul do Peru, onde abrangia parte do Oceano Pacífico. Partes do Caminho do Peabiru podem ser admirados até os dias atuais. Muitos dizem ser "uma estrada Inca em solo brasileiro".

Algumas subdivisões do caminho estendiam-se até às regiões onde hoje ficam as cidades de Cananeia (São Paulo) e Florianópolis (Santa Catarina) e, conforme Bond (2009), existem ainda fortes indícios de que outras subdivisões partiam do litoral do Rio Grande do Sul e passavam pelo Uruguai e pelo Chile.

A trilha passou a ser explorada a partir de 1514, quando os europeus descobriram a nascente de um rio, mais tarde chamado de *Rio de La Plata*. Em busca de uma civilização que vivia do outro lado desse rio, que era rica em ouro e prata, os europeus começaram a desbravar e a buscar riquezas.

Conforme relatam os historiadores, como Bond (2009), em uma dessas incursões em busca de riquezas o espanhol Juan de Solis chegou no território hoje conhecido como *Uruguai*. No entanto, a sua tentativa de colonização não deu muito certo, pois a embarcação foi atacada por indígenas. A tripulação, vendo que não teria como vencê-los, resolveu fugir e voltar para Espanha. No entanto, ao passarem próximo à Santa Catarina, o navio acabou naufragando. Alguns tripulantes morreram e os sobreviventes chegaram à costa, passando a viver ali.

Assim, esse caminho é motivação para vários contos e aventuras. Entre os aventureiros, "Aleixo Garcia", um dos sobreviventes do naufrágio, comandou, em 1524, uma expedição de índios guaranis carijós, que saqueou o que encontrava pelo caminho – ouro, prata etc. Saindo da Ilha de Santa Catarina, atingiu o território do Peru, no Império Inca, em 1533, antes mesmo da invasão espanhola dos Andes. Outras expedições teriam acontecido, uma das quais saindo de Cananeia (São Paulo). Conta-se que os integrantes de tal expedição, em 1531, desapareceram ao longo do caminho – todos teriam sido assassinados (Bond, 2009).

Os jesuítas, que utilizaram o Caminho do Peabiru para realizarem suas atividades de evangelização dos indígenas, deram ao caminho o nome de *Caminho de São Tomé*. Mais tarde, nos séculos XVI e XVII, o caminho ainda foi utilizado pelos bandeirantes paulistas com objetivo de atacar os evangelizadores jesuítas (Bond, 2009).

— 1.4 —

Surgimento das primeiras estradas no Brasil: Estrada Caminho do Mar (SP-148) - Santos/São Paulo - a estrada mais antiga do Brasil

Essa estrada era, inicialmente, somente uma trilha ancestral dos índios Guaínas, mas começou a ser utilizada pelo homem branco em meados dos anos de 1508, com o objetivo ultrapassar os limites da Serra do Mar.

Considerada a mais antiga do Brasil, a Estrada Caminho do Mar, que liga Santos a São Paulo começou a ser construída por volta de 1560, sob o comando do então governador geral do Brasil, Mem de Sá.

Nesse período, os jesuítas abriram caminho entre São Vicente a Piratininga. Somente em 1561, com a dificuldade em transitar em razão da má conservação, o governo da Capitania de São Vicente determinou o início da construção da Estrada do Mar.

Ao longo do caminho, foi necessário construir mais de 70 pontes na nova estrada, de modo a possibilitar o trânsito de veículos naquele local. Com o tempo, a estrada perdeu tráfego, pois as linhas férreas eram mais eficientes. No entanto, em 1913, foi novamente reformada, sendo pavimentada em concreto no ano de 1922.

Nos dias atuais, a estrada é visitada por turistas, que podem caminhar ao longo dela por mais de 9 km, admirando a beleza e os vários monumentos comemorativos e representativos da época do império brasileiro.

A estrada foi, inclusive, tema de música do cantor Roberto Carlos, "As curvas da estrada de Santos", momento em que o cantor retratou a beleza e as formas da estrada em uma letra conhecida por grande parte dos brasileiros.

D. Pedro II, ao longo do seu reinado, determinou construções de estradas e caminhos para ligar as cidades e as capitanias. Destacamos a construção da Estrada da Estrela, a qual teve início em 1841, sob ordem de D. Pedro II. Quem comandou a construção do caminho, chamado à época de *Caminho de Porto Estrela*, que fazia a ligação entre as cidades de Rio de Janeiro e Petrópolis, foi o Major Júlio Frederico Koeler (Netto, 2006).

A ligação entre as cidades tinha como um dos principais objetivos facilitar a locomoção da família real, que costumava ir até a cidade de Petrópolis para passar temporadas. Nesse contexto, surgiu a estrada da Serra da Estrela, utilizada até os dias atuais pelos inúmeros moradores e turistas que ali trafegam (Netto, 2006).

Em 1854, teve início uma nova estrada partindo da cidade de Petrópolis, chamada de *Estrada União e Indústria*, nome da empresa do então Comendador Mariano Ferreira Lage, que tinha a concessão para explorar o caminho. Em 1861, a estrada já havia atingido 144 km e era muito utilizada na época. Ainda é possível observar muitas pontes e construções do período imperial, e a estrada é um dos pontos turísticos do Estado do Rio de Janeiro.

Hoje, ambas as estradas fazem parte da BR-040, estrada com intenso tráfego e, por isso, muito perigosa, conhecida pelos inúmeros acidentes (DNIT, 2020b).

As imagens a seguir retratam a beleza e os desafios arquitetônicos da época.

Figura 1.4 – Fotos da Estrada União e Indústria

Digital Brasil

Fonte: *Klumb, 1860.*

Revert Henrique Klumb/Coleção Gilberto Ferrez/ Acervo Instituto Moreira Salles

Com a proclamação da República, o interesse comercial fez com que surgissem inúmeras rodovias. As novas tecnologias e as modernizações na engenharia de construção de estradas marcaram uma nova era. Nas primeiras décadas do século XIX, foi construída a primeira rodovia pavimentada, ligando o Rio de Janeiro a Petrópolis, hoje conhecida como BR-040. A estrada foi inaugurada em 23 de junho de 1861, pelo então imperador do Brasil, Dom Pedro II (DNIT, 2020a). Tal obra é, até os dias atuais, considerada um grande marco da engenharia brasileira.

Nas décadas seguintes, em função da criação do Fundo Rodoviário Nacional (FRN), a construção das rodovias no Brasil cresceu vertiginosamente. Em 1946, foi criado um imposto que incidia nos combustíveis, cuja arrecadação era destinada ao patrocínio da construção de rodovias. Com o desenvolvimento da pavimentação asfáltica pela empresa Petrobras e a chegada da indústria automobilística em 1957, as estradas não pararam de surgir Brasil afora (DNIT, 2020a).

— 1.5 —
A primeira locomotiva e o primeiro carro em solo brasileiro

Ao tratar das construções das estradas brasileiras, é importante lembrarmos dos seguintes marcos: a chegada da primeira locomotiva de vapor, o primeiro meio de transporte coletivo e o primeiro carro em solo brasileiro.

Ainda no reinado do imperador D. Pedro II, chegou ao Brasil a tecnologia de construções de estrada de ferro. Em 1854, após árduos trabalhos, foi inaugurada a primeira estrada de ferro do país, a locomotiva a vapor chamada *Baroneza*, que percorria os 14,5 km de extensão em uma velocidade de 38 km/h, levando 38 minutos para realizar o caminho do Rio de Janeiro à Raiz da Serra, cidade vizinha de Petrópolis (DNIT, 2020a). Foi o marco inicial de uma nova era no transporte de passageiros e produtos no Brasil.

Figura 1.5 – Baroneza, a primeira locomotiva a vapor do Brasil

Arquivo Nacional do Brasil

O Decreto n. 1.733, de 12 de março de 1856 (Brasil, 1856), criou a primeira concessão de transportes urbanos (Detran-PR, 2020). O interessante é que o transporte urbano nessa época se locomovia por meio de trilhos ou por tração animal.

No dia 30 de janeiro de 1859, começou a circular pelas ruas do Rio de Janeiro o primeiro bonde do Brasil. A inauguração do transporte público ocorreu em 26 de março de 1859, com a presença do Imperador D. Pedro II e de sua esposa (Gago, 2009).

Figura 1.6 – Último bondinho de burro no Rio de Janeiro

Biblioteca Nacional Digital Brasil

Fonte: Bonde de tração animal, 2020.

O transporte era realizado pela empresa de Thomas Cochrane, a Companhia de Carris de Ferro da Cidade à Boa Vista. A força animal foi substituída pelo vapor em 1862 (Gago, 2009).

De acordo com Gago (2009), em 1862, então, surgiu o primeiro bonde elétrico do Brasil, sendo também o primeiro da América do Sul. A primeira viagem partiu do centro da cidade do Rio de Janeiro e terminou no Largo do Machado. Estavam presentes pessoas importantes, entre elas o então presidente da República, Marechal Floriano Peixoto (Gago, 2009).

Passadas algumas décadas, chegou ao país o primeiro automóvel: "O primeiro automóvel desembarcou no Brasil em novembro de 1891, quando o navio de luxo Portugal, procedente da Europa, atracou no porto de Santos. Era um modelo Peugeot, equipado com motor Daimler, movido a gasolina, de dois cilindros em V e 3,5 cv de potência máxima" (Trânsito BR, 2020).

Na França, o veículo era chamado de *Voiturette* por ser muito parecido como uma charrete, condução puxada por animais também utilizada na época (Fenasbac, 2017).

O importador do veículo já era um nome conhecido na sociedade brasileira da época, em razão de suas influências políticas e invenções: Alberto Santos Dumont (1873-1932). No entanto, quem transitava com o veículo era seu irmão, Henrique Santos Dumont (Detran-PR, 2020). Na imagem a seguir consta o modelo do primeiro veículo a chegar em solo brasileiro.

Figura 1.7 – Primeiro carro em solo brasileiro – 1891

Fonte: Senado Federal, 2016, p. 99.

Em 1903, já existiam vários outros veículos transitando pelo Brasil, sendo que a família Matarazzo foi quem teve o primeiro carro emplacado no Brasil (Detran-PR, 2020).

Em 1908, foi fundado, em São Paulo, o Automóvel Clube de São Paulo, com o objetivo de organizar a primeira corrida automobilística da América do Sul.

Em meados de 1900, o *glamour* já tomava conta da capital paulista, pois a inovação chegara à cidade. Surgiram também na capital os primeiros bondes elétricos, os quais funcionaram como meio de transporte por várias décadas.

Os tradicionais ônibus de transporte urbano só apareceram no final da década de 1920 e início da década de 1930, após a General Motors (GM) montar os primeiros ônibus em solo brasileiro (Gago, 2009). Teve início, nesse momento, o desenvolvimento do transporte urbano nas cidades brasileiras.

— 1.6 —
Os conceitos de trânsito: legislação de trânsito no Brasil

A intensificação das relações sociais no século XX impulsionou o Estado a tomar providências no sentido de regulamentar as relações sociais, a fim de criar regras para os comportamentos humanos. Uma das providências do Estado foi regulamentar o trânsito, ao criar, inicialmente, o Código Nacional de Trânsito, por meio da Lei n. 5.108, de 21 de setembro de 1966. Somente

30 anos mais tarde seria criado o Código de Trânsito Brasileiro (CTB), pela Lei n. 9.503, de 23 de setembro de 1997 (Brasil, 1997).

Quando falamos em *trânsito*, lembramos inicialmente do tráfego de carros, motos e caminhões em estradas, ruas, avenidas, rodovias etc. No entanto, tal conceito é muito mais amplo, pois temos de lembrar, principalmente, que, assim como os veículos automotores, o ser humano também é parte integrante do trânsito.

Nesse contexto, o pedestre é a parte mais vulnerável do sistema de trânsito, tendo em vista que necessita se deslocar diariamente para o trabalho, a escola, o lazer, entre outros tipos de necessidades do dia a dia.

Não podemos nos esquecer que, em certas culturas, até os dias atuais ainda existe a integração de outros tipos de veículos terrestres, alguns ainda movidos por tração animal.

Dessa forma, com o aumento do fluxo de veículos terrestres e de pessoas, houve a necessidade de o Estado intervir, com objetivo de proteger e organizar o trânsito, regulamentando-o por meio de legislações.

No Brasil, a norma de trânsito está disposta atualmente no CTB, por meio da Lei n. 9.503/1997 – já citada antes –, pois apresenta quase toda a disciplina legal em apenas um livro.

No entanto, a lei necessita de constantes regulamentações, necessárias em virtude das várias lacunas existentes na lei, as quais, ao longo do tempo, passaram a ser solucionadas pelas resoluções do órgão competente, no caso, o Conselho Nacional de Trânsito (Contran). As regulamentações são editadas e reeditadas conforme a necessidade da sociedade e de segurança no trânsito e de acordo com entendimentos técnicos, tornando o CTB eficaz.

A Lei de Trânsito (CTB) está devidamente dividida em parte administrativa e parte penal. A parte administrativa abrange do art. 1º ao art. 290 e do art. 313 ao art. 341. Já a parte penal vai do art. 291 ao art. 312-A.

Em relação ao conceito de trânsito, o próprio CTB, em seu art. 1, parágrafo 1º, mostra um conceito técnico: "Considera-se trânsito a utilização das vias por pessoas, veículos e animais, isolados ou em grupos, conduzidos ou não, para fins de circulação, parada, estacionamento e operação de carga ou descarga" (Brasil, 1997).

Ou seja, a **movimentação** é o fator principal do conceito técnico, ou seja, é a força motriz do trânsito. Não importa se relacionada a pessoas, veículos ou animais ou ao local onde estejam circulando, pois a movimentação é o fator que gera o trânsito.

É importante observar ainda que o conceito do CTB é claro ao dizer "isolados ou em grupos". Dessa forma, a movimentação e a utilização dos espaços públicos podem ocorrer em grupo ou pelo indivíduo sozinho. Também não importa o local onde esteja o infrator (cidade, zona rural), as infrações dispostas no CTB serão penalizadas, pois ocorrem de forma individual.

Nesse contexto, podemos dizer que, para o CTB, todas as pessoas (independentemente de estarem habilitadas ou não), todos os carros, não importando o estado de conservação, bem como todos os animais, conduzidos e soltos nas vias públicas, são sujeitos do trânsito. A diferença é que alguns sujeitos do trânsito utilizam as vias públicas estando irregulares em relação ao CTB, sendo passíveis de sofrer sanções da polícia viária.

Apenas a título de curiosidade, é importante observar que a expressão *vias terrestres abertas à circulação* não se refere a todas as vias, apenas àquelas determinadas pela Administração Pública para circulação. Ou seja, em alguns casos, as vias não são regidas pelo CTB, como linhas férreas, que não são abertas para circulação de automóveis e pedestres, sendo regidas por lei própria: o Decreto n. 2.089/1963.

Curiosidade

O primeiro acidente automobilístico da história aconteceu no Condado de Offaly, na Irlanda, em maio de 1869 (Trânsito Ideal, 2020). A velocidade dos veículos naquela época era pequena nas estradas. No entanto, mesmo a 6 km/h, o acidente foi fatal, pois a "vítima foi arremessada e atropelada pelo próprio veículo", vindo a falecer em razão de uma fratura no pescoço (Trânsito Ideal, 2020).

Capítulo 2

A Constituição da República Federativa do Brasil de 1988 versus *legislação de trânsito*

A Constituição da República Federativa do Brasil (CRFB) de 1988 (Brasil, 1988) garante o direito do cidadão de ir e vir. Dessa forma, quando falamos em *trânsito*, podemos afirmar que transitar nos espaços públicos comuns é um direito constitucional dos cidadãos brasileiros.

O trânsito ocorre no espaço público compartilhado, em local de uso comum dos cidadãos. Nesse sentido, todos deveriam preservar e garantir o bom uso comum do espaço público compartilhado.

Neste capítulo, vamos compreender por que devemos utilizar os espaços públicos comuns com sabedoria, respeitando as normas estabelecidas pelo Estado.

Veremos que a Constituição Federal (CF) determina que as escolas brasileiras trabalhem de maneira interdisciplinar o tema da educação de trânsito e conheceremos a importância da educação de trânsito para os educandos.

A legislação de trânsito é disposta nos princípios constitucionais, no Código de Trânsito Brasileiro (CTB) – Lei n. 9.503, de 23 de setembro de 1997 (Brasil, 1997) –, nas resoluções, nos pareceres e afins. É importante observarmos que alguns princípios são fundamentais para a vida do ser humano e, consequentemente, não podem ser violados. Muitas vezes, algumas decisões e resoluções afrontam os princípios constitucionais, indo no sentido contrário ao disposto constitucionalmente. Tais situações acabam gerando grandes discussões doutrinárias, que, ao final, chegam às ações judiciais nos Superiores Tribunais do

Brasil para que possam analisar a legalidade e a constitucionalidade do tema. Nesse contexto, ao final do capítulo, abordaremos a discussão relacionada à inconstitucionalidade do art. 165-A do CTB.

— 2.1 —
Principal direito fundamental: direito à vida

A palavra *vida* tem vários significados. Segundo o dicionário Michaelis, *vida* significa:

> 1 Conjunto de propriedades, atividades e funções (replicação, mutação, reprodução, entre outras) que caracterizam e distinguem um organismo vivo de um morto. 2 Período de tempo compreendido entre o nascimento e a morte de um ser vivo; existência. 3 Uma determinada fase desse período. 4 Tempo de existência ou de funcionamento de uma coisa. 5 Os seres vivos constituintes da flora e da fauna, classificados de acordo com suas espécies, com o meio em que vivem, com sua época etc. 6 Modo de viver: O religioso leva uma vida santa. 7 Atributo de uma coisa que, mesmo inanimada, transmite e aparenta a ideia de vida: "A palavra é como um ovo (desenho simples) mas, por dentro, ela está cheia de clara vida" [...]. 8 Motivação que dá entusiasmo, força e ânimo à existência de um ser vivo. 9 Conjunto dos acontecimentos mais importantes na existência de uma pessoa; a biografia relatada de alguém. 10 Conjunto dos acontecimentos e das atividades relativos a um grupo,

> a um lugar ou a um período. 11 Profissão ou atividade organizada com a qual uma pessoa pode se ocupar. 12 Meio de sustento necessário para manter a existência. 13 Elemento essencial para que algo subsista e funcione. 14 A existência ou transcendência do espírito depois da morte física. (Vida, 2020)

Dessa forma, podemos dizer que a vida de que aqui discorreremos é aquela relacionada diretamente à questão biológica, principalmente a parte que diz: "1 Conjunto de propriedades, atividades e funções [...] que caracterizam e distinguem um organismo vivo de um morto. 2 Período de tempo compreendido entre o nascimento e a morte de um ser vivo; existência. A existência ou transcendência do espírito depois da morte física" (Vida, 2020).

Nesse sentido, leis, doutrinas, princípios e jurisprudências possibilitam ao ser humano viver em sociedade.

Inicialmente, é importante ressaltarmos que a CRFB estabelece os direitos do cidadão ante o Estado. Como a vida é o principal direito estabelecido pela nossa Lei Maior, o Estado tem a obrigação de preservá-la. A CF fala sobre o direito à vida em vários artigos, entre os quais o art. 5º, que faz menção à vida da seguinte forma:

> Art. 5º – Todos são iguais perante a lei, sem distinção de qualquer natureza, garantindo-se aos brasileiros e aos estrangeiros residentes no País a ***inviolabilidade do direito à vida***,

> à liberdade, à igualdade, à segurança e à propriedade, nos termos seguintes: [...]. (Brasil, 1988, grifo nosso)

O art. 5º é claro quando afirma que a vida é inviolável. Sendo assim, é dever do Estado proteger tal direito. Isso fica claro ao analisarmos os arts. 227 e 230 da CF:

> Art. 227 – É dever da família, da sociedade e do Estado assegurar à criança e ao adolescente, com absoluta prioridade, o direito à vida, à saúde, à alimentação, à educação, ao lazer, à profissionalização, à cultura, à dignidade, ao respeito, à liberdade e à convivência familiar e comunitária, além de colocá-los a salvo de toda forma de negligência, discriminação, exploração, violência, crueldade e opressão.
>
> [...]
>
> Art. 230 – A família, a sociedade e o Estado têm o dever de amparar as pessoas idosas, assegurando sua participação na comunidade, defendendo sua dignidade e bem-estar e garantindo-lhes o direito à vida. (Brasil, 1988, grifo nosso)

De acordo com Branco (2008, p. 393):

> A existência humana é o pressuposto elementar de todos os demais direitos e liberdades disposto na Constituição. Esses direitos têm nos marcos da vida de cada indivíduo os limites máximos de sua extensão concreta. O direito à vida é a premissa dos direitos proclamados pelo constituinte; não faria sentido declarar qualquer outro se, antes, não fosse

> assegurado o próprio direito estar vivo para usufruí-lo. O seu peso abstrato, inerente à sua capital relevância, é superior a todo outro interesse.

Podemos, então, afirmar que o direito à vida é o direito fundamental mais importante encontrado em nossa CF, protegida desde a fase uterina. Sem o direito à vida, não existiria qualquer outro direito. O jurista conceituado e hoje ministro do Supremo Tribunal Federal (STF), Alexandre de Moraes (2003, p. 87), preleciona que

> O direito humano fundamental à vida deve ser entendido como direito a um nível de vida adequado com a condição humana, ou seja, direito à alimentação, vestuário, assistência médico-odontológica, educação, cultura, lazer e demais condições vitais. O Estado deverá garantir esse direito a um nível de vida adequado com a condição humana respeitando os princípios fundamentais da cidadania, dignidade da pessoa humana e valores sociais do trabalho e da livre iniciativa; e, ainda, os objetivos fundamentais da República Federativa do Brasil de construção de uma sociedade livre, justa e solidária, garantindo o desenvolvimento nacional e erradicando-se a pobreza e a marginalização, reduzindo, portanto, as desigualdades sociais e regionais.

Branco (2008, p. 397) ainda acrescenta que:

> O elemento decisivo para se reconhecer e se proteger o direito à vida é a verificação de que existe vida humana

> desde a concepção, quer ela ocorra naturalmente, que *in vitro*. O nascituro é um ser humano. Trata-se, indisputavelmente, de um ser vivo, distinto da mãe que o gerou, pertencente à espécie biológica do *homo sapiens*. Isso é bastante para que seja titular do direito à vida - apanágio de todo ser que surge do fenômeno da fecundação humana.

Nesse contexto, o direito à vida é indisponível e fundamentado no princípio constitucional da dignidade da pessoa humana. Dessa forma, a vida deve ser preservada dignamente em questões como qualidade, liberdade, alegria, lazer e, principalmente, deve ser protegida integralmente no que diz respeito à segurança, à saúde, à privacidade e à moral.

Diante de tal situação, é importante observarmos que a vida em nosso ordenamento jurídico começa desde a concepção, ou seja, o nascituro, desde o primeiro sinal de vida, já é protegido legalmente. A partir do nascimento, o ser humano ganha uma personalidade jurídica. Tavares (2012, p. 576) assim discorre em relação ao início da proteção à vida:

> Desde o primeiro e mais essencial elemento do direito à vida, vale dizer, a garantia de continuar vivo, é preciso assinalar o momento a partir do qual se considera haver um ser humano vivo, assim como o momento em que, seguramente, cessa a existência humana e nessa linha, o dever estatal, de cunho constitucional, de mantê-la e provê-la.

A CF é responsável por instituir deveres e direitos aos cidadãos. O CTB seguiu todas as orientações previstas na Lei Maior, buscando a garantia à vida e ao uso adequado dos espaços públicos em comum. Segue, assim, os princípios básicos da CF: o direito do cidadão – devidamente fundamentado no art. 1º da CF, o qual estabelece que "a República Federativa do Brasil constitui-se em Estado Democrático de Direito e tem como fundamentos, a cidadania a dignidade da pessoa humana" (Brasil, 1988) – e os deveres do cidadão para com a Administração Pública.

Diante do direito fundamental à vida, o CTB tem, então, como principal objetivo, a proteção à vida. Tal situação está explicitada em seu art. 29, parágrafo 2º, que afirma: "os veículos de maior porte serão sempre responsáveis pela segurança dos menores, os motorizados pelos não motorizados e, juntos, pela incolumidade dos pedestres" (Brasil, 1997). Com esse texto, o CTB estabelece a relação hierárquica entre os usuários do trânsito, buscando sempre garantir o direito fundamental de proteção à vida garantido pela CF. Para tanto, estabelece que todos os órgãos do Sistema Nacional de Trânsito (SNT) tenham como principal objetivo a busca pela prevenção e proteção à vida.

Araujo (2009a, p. 57), sobre a questão envolvendo a constitucionalidade do direito de trânsito brasileiro, assim destaca:

> Fazendo uma leitura do capitulo I, título II da Constituição, combinado com o artigo 144 da Carta Magna e relacionando com o artigo 1º, §2º do Código de Trânsito Brasileiro, pode-se perceber uma referência ao princípio do trânsito seguro como sendo um dever de todos. Os constituintes também consagraram, de maneira menos explícita junto ao artigo 144 da Constituição da República, o dever de o Estado promover segurança pública, para a preservação da ordem pública e da incolumidade das pessoas e do patrimônio de todos, inclusive dos usuários das vias terrestres em todo o território nacional. O alcance desse dever pode ser compreendido a partir da denominação atribuída ao título V, da Constituição da República, Da defesa do Estado e das Instituições Democráticas. Desse modo, o dever de propiciar Segurança Pública incide sobre todas as atividades realizadas no território nacional, inclusive sobre o fenômeno trânsito.

Dessa forma, o direito de trânsito deve ser disponibilizado de acordo com os princípios constitucionais já estabelecidos. Ou seja, toda e qualquer norma, resolução etc. que envolvem o direito de trânsito devem ser subordinadas às premissas constitucionais, em particular ao princípio da dignidade humana e ao direito à vida. A proteção à vida ainda está expressa e protegida nas leis infraconstitucionais: Código Civil, Código Penal etc.

— 2.2 —
Direito de ir e vir: direito constitucional do cidadão

Percebemos atualmente que muitas cidades brasileiras estão tomando atitudes a fim de evitar a superlotação dos espaços públicos comuns. Como exemplos de tais medidas, podemos citar a circulação alternada (rodízio de veículos) dos veículos com base nas placas na cidade de São Paulo, a via lenta (40 km/h) no centro de Curitiba, a colocação de pardais em vias públicas de grande movimento em cidades e estradas, entre outras tantas regulamentações Brasil afora.

Nesse sentido, podemos observar que os legisladores e governantes estão tentando garantir o direito de ir e vir do cidadão. É importante ressaltar que esse direito é superior na hierarquia constitucional em relação ao direito do motorista, ou seja, quando falamos em *trânsito de veículos*, o direito de circulação de veículos deve estar submisso ao interesse da coletividade.

Sendo assim, a circulação, a direção dos veículos e as questões administrativas envolvendo os veículos e os condutores devem estar submetidas a restrições estabelecidas por lei. Conforme já falamos anteriormente, tais restrições ocorrem através da criação de leis. No Brasil, o trânsito é regulamentado pelo CTB.

É importante reiterar que o trânsito é composto por todos os meios de transporte que trafegam pelas vias públicas e por pessoas que se deslocam de um lado para o outro nas calçadas e ruas. Em outras palavras, é um conjunto de agentes que ocupam, em um mesmo momento, vários espaços públicos.

Dessa forma, constantemente observamos algumas vias públicas fechadas - às vezes pelo Poder Público, às vezes pela própria comunidade. Os fechamentos das vias públicas podem decorrer de manifestações, eventos, comemorações, manifestações, obras etc.

O art. 5º, inciso XV, da CF preconiza que "é livre a locomoção no território nacional em tempo de paz, podendo qualquer pessoa, nos termos da lei, nele entrar, permanecer ou dele sair com seus bens" (Brasil, 1988).

No entanto, a constituição aceita algumas restrições, entre elas o bloqueio de rodovias pelo Poder Administrativo Público, o qual se sobrepõe a alguns direitos dos administrados, devendo estes aceitar a intervenção estatal (por meio de coercibilidade e autoexecutoriedade) em certas situações em que existe necessidade de tais bloqueios. Ou seja, em algumas situações, a Administração Pública terá legitimidade para bloquear o acesso de pedestres e veículos e, assim, restringir a circulação do direito de ir e vir do cidadão.

Tal situação está devidamente prevista no art. 209 do CTB, que diz:

> Art. 209 - Transpor, sem autorização, bloqueio viário com ou sem sinalização ou dispositivos auxiliares, deixar de adentrar

> às áreas destinadas à pesagem de veículos ou evadir-se para não efetuar o pagamento do pedágio:
>
> Infração - grave;
>
> Penalidade - multa. (Brasil, 1997)

Ou seja, tais situações não caracterizam afronta constitucional ao direito de ir e vir. No entanto, os bloqueios das vias públicas pela Administração Pública, para não afrontarem a CF, devem seguir o disposto no art. 95 do CTB, que preconiza:

> Art. 95 - Nenhuma obra ou evento que possa perturbar ou interromper a livre circulação de veículos e pedestres, ou colocar em risco sua segurança, será iniciada sem permissão prévia do órgão ou entidade de trânsito com circunscrição sobre a via.
>
> § 1° A obrigação de sinalizar é do responsável pela execução ou manutenção da obra ou do evento.
>
> § 2° Salvo em casos de emergência, a autoridade de trânsito com circunscrição sobre a via avisará a comunidade, por intermédio dos meios de comunicação social, com quarenta e oito horas de antecedência, de qualquer interdição da via, indicando-se os caminhos alternativos a serem utilizados.
>
> § 3° O descumprimento do disposto neste artigo será punido com multa de R$ 81,35 (oitenta e um reais e trinta e cinco centavos) a R$ 488,10 (quatrocentos e oitenta e oito reais e dez centavos), independentemente das cominações cíveis e penais cabíveis, além de multa diária no mesmo valor até a regularização da situação, a partir do prazo final concedido pela

> autoridade de trânsito, levando-se em consideração a dimensão da obra ou do evento e o prejuízo causado ao trânsito. (Redação pela Lei nº 13.281, de 2016)
>
> § 4º Ao servidor público responsável pela inobservância de qualquer das normas previstas neste e nos arts. 93 e 94, a autoridade de trânsito aplicará multa diária na base de cinquenta por cento do dia de vencimento ou remuneração devida enquanto permanecer a irregularidade.

Ou seja, para que a via pública seja bloqueada pela Administração Pública para a realização de obras e eventos, devem ser levados em conta os seguintes quesitos: **prévia permissão**, **sinalização do local**, **informação à comunidade** e **fiscalização do cumprimento do art. 95 do CTB**.

Conforme o exposto no art. 5º, inciso XVI, da Constituição de 1988,

> XVI – todos podem reunir-se pacificamente, sem armas, em locais abertos ao público, independentemente de autorização, desde que não frustrem outra reunião anteriormente convocada para o mesmo local, sendo apenas exigido prévio aviso à autoridade competente; [...]. (Brasil, 1988)

Assim, o próprio artigo que permite o direito a manifestações dos cidadãos prevê apenas que seja previamente avisada a autoridade competente. Tal aviso se faz necessário a fim de que a Administração Pública tome providências para garantir condições seguras de trânsito durante a reunião ou o evento, sempre em disposição ao disposto no art. 1º, parágrafo 2º, do CTB.

Dessa forma, no caso disposto no art. 5º, inciso XVI, da CF, o art. 95 do CTB vai ser aplicado apenas quando houver perturbação ou bloqueio da livre circulação de pedestres e veículos colocando em risco a segurança e a vida dos cidadãos. Ou seja, a Administração Pública tem o dever de analisar se tal reunião está sendo exercida de acordo com o disposto na Lei Maior; caso contrário, a intervenção da Administração Pública será necessária.

Dessa forma, o art. 95 do CTB preleciona que a participação dos órgãos de trânsito, em caso de obras e eventos, não se atém apenas ao pedido de permissão, devendo ser observado ainda o disposto no artigo em relação à "prestação de informações à comunidade, a fiscalização da obediência à regulamentação estabelecida e, até mesmo, a implantação da sinalização" (Araujo, 2006) nos locais para identificar e dar maior segurança.

É importante salientar que o art. 95, parágrafo 1º, dispõe que a responsabilidade pela execução e pela sinalização da obra ou evento é dos responsáveis pela execução destes. O art. 80 do CTB obriga as sinalizações a obedecerem à regulamentação prevista, não podendo ser realizadas de forma diferente da estabelecida – Resolução do Conselho Nacional de Trânsito (Contran) n. 160/2004.

No entanto, é importante salientar que, em alguns casos, a interrupção das vias públicas é precedida de autorização e de recolhimento de taxa referente aos custos operacionais. Tal situação pode ser vista no art. 67 do CTB, que diz:

> Art. 67 – As provas ou competições desportivas, inclusive seus ensaios, em via aberta à circulação, só poderão serem realizadas mediante prévia permissão da autoridade de trânsito com circunscrição sobre a via e dependerão de:
>
> [...]
>
> IV – prévio recolhimento do valor correspondente aos custos operacionais em que o órgão ou entidade permissionária incorrerá. (Brasil, 1997)

Tais cobranças de taxas pelos serviços operacionais prestados pelos órgãos e/ou pelas entidades permissionárias encontra apoio na CF em seus arts. 30, 145 e 156.

Conforme observamos no art. 95 do CTB, a Administração Pública tem o dever de informar, ou seja, tornar público o fechamento da via pública com, no mínimo, 48 horas de antecedência, devendo ainda os órgãos de trânsito analisar qual o meio de comunicação será mais eficiente: jornais, revistas, panfletos, rádio, televisão etc.

No entanto, tal exigência deixa de existir nos casos em que há emergências ocasionadas por situações especiais, como colisão de veículos, rompimento de tubulação de água e de gás, queda de fio de energia elétrica etc.

Ao final, observamos a necessidade de fiscalização do cumprimento do disposto no art. 95 do CTB. Nesse sentido, os órgãos públicos devem fiscalizar e punir os casos em que as vias públicas são fechadas irregularmente, não sinalizadas ou ainda fechadas sem autorização e sem comunicação à sociedade. Nesses casos, também os órgãos públicos têm a função de penalizar o responsável pelo evento irregular, além de fiscalizar a possível omissão do servidor do órgão público responsável.

Podemos aqui citar como exemplo de irregularidade no bloqueio parcial ou total de vias públicas o art. 245 e 253 do CTB. O art. 245, por exemplo, rege que:

> Art. 245 - Utilizar a via para depósito de mercadorias, materiais ou equipamentos, sem autorização do órgão ou entidade de trânsito com circunscrição sobre a via:
>
> Infração - grave;
>
> Penalidade - multa;
>
> Medida administrativa - remoção da mercadoria ou do material.
>
> Parágrafo único. A penalidade e a medida administrativa incidirão sobre a pessoa física ou jurídica responsável. (Brasil, 1997)

Assim, fica devidamente claro nesse artigo que as pessoas jurídicas e as pessoas físicas estão submetidas a penalidades e medidas administrativas.

Já o art. 253 do CTB diz que: "Bloquear a via com veículo: Infração - gravíssima; Penalidade - multa e apreensão do veículo; Medida administrativa - remoção do veículo" (Brasil, 1997).

Assim, o disposto no art. 245 CTB se aplica à pessoa responsável pelo ato irregular (pessoa física e jurídica), fazendo com que ela seja compelida a remover a mercadoria ou os materiais dispensados indevidamente. Em relação ao art. 253, além da penalidade, há a medida administrativa de remoção do veículo. Tais situações têm suas peculiaridades, pois, no que diz respeito ao art. 253, a fiscalização é realizada com facilidade.No entanto, em relação ao art. 245, a aplicação das penalidades é quase impossível (tendo em vista que o infrator nem sempre é flagrado no local da infração), pois não existe uma maneira de vincular a penalidade diretamente ao CPF e/ou CNPJ do responsável, uma vez que, em regra, as penalidades são aplicadas à placa de um veículo.

No entanto, as irregularidades previstas no art. 245 são passíveis de ação de indenizações cíveis de danos a terceiros, podendo, em alguns casos, serem passíveis de punição criminal (acidente/responsabilidade pelo objeto deixado no local do acidente - morte e/ou lesão corporal leve ou grave).

Ainda em fase de aprovação, o Projeto de Lei n. 6.268/2009 prevê alteração do art. 245 do CTB, a fim de tipificar o crime de obstrução indevida de via pública. A proposta foi apresentada pelo Deputado Maurício Quintela Lessa, de Alagoas. O parecer do relator já foi aprovado pela Comissão de Constituição e Justiça e de Cidadania (CCJC) no sentido de aprovação do mérito.

Após analisarmos o que foi disposto neste tópico, podemos concluir que, observadas as restrições legais, o direito à liberdade de locomoção é um direito fundamental de primeira geração.

Nesse contexto, ao finalizar o tópico é importante pensarmos nas palavras de Guth (2015), ativista em mobilidade urbana, diretor da Associação de Ciclistas Urbanos de São Paulo, que defende o estímulo a outros modais de transporte, como a bicicleta, em detrimento do uso de veículos automotores:

> As pessoas estão confundindo o direito de ir e vir com o direito de dirigir. Não pode haver essa confusão. Quando não é permitido a você circular de carro, não está se cerceando o seu direito de ir e vir, você pode muito bem se deslocar, a pé, de bicicleta, de transporte público, uma série de outros modos de transporte. As pessoas confundem, muitas vezes, o direito constitucional de ir e vir com o direito de dirigir.

Assim, o Estado tem o dever de regulamentar a movimentação dos cidadãos, seja de carro ou de moto, seja de bicicleta, a pé e/ou por qualquer outro tipo de meio de transporte possível de locomoção, de modo a não restringir o direito de ir e vir de forma arbitrária, sempre respeitando as normas legais e o devido processo legal antes da restrição da liberdade do cidadão.

— 2.3 — Educação de trânsito nas escolas brasileiras

Ao longo do último século, com o aumento do fluxo de veículos e de pessoas, foram necessárias várias e importantes transformações na legislação de trânsito brasileira.

O atual CTB trouxe várias inovações, entre elas a obrigação expressa de que as escolas brasileiras trabalhem o tema

"Educação para o trânsito" de forma transversal, ensinando os educandos as obrigações de pedestres e motoristas. Tal obrigação contempla a defesa dos direitos fundamentais disposto no art. 1º da CRFB de 1988, especialmente no que se refere à cidadania e à dignidade da pessoa humana.

Figura 2.1 – Educação de Trânsito

Sidney Carneiro Ferraz/Will Machado

Fonte: Ferraz; Souza, 2017.

Além dos materiais didáticos fornecidos pelo Estado, encontramos vários projetos sociais espalhados Brasil afora ensinando educação de trânsito nas escolas. Dentre eles, destacamos o projeto "Caminhos para Cidadania", criado pelos professores André Peixoto de Souza e Sidney Carneiro Ferraz (2017), ambos do Centro Universitário Internacional Uninter de Curitiba, no Estado do Paraná.

Os professores são responsáveis por disseminar a educação em direitos humanos pelas escolas públicas do Paraná, abordando o ensino para a cidadania em parceria com as escolas da Secretaria de Educação do Estado do Paraná (Seed-PR). Um dos assuntos abordados na Cartilha Primeiros Passos[1] é a "Educação de Trânsito", tema trabalhado pedagogicamente pelos professores de forma transversal e interdisciplinar nas escolas.

A busca pela educação de trânsito nas escolas tem por finalidade proporcionar aos educandos informações capazes de minimizar os problemas relacionados aos acidentes ocorridos diariamente no trânsito das cidades e das zonas rurais do nosso país, com (milhares) vítimas e mortes.

A abordagem da educação de trânsito nas escolas brasileiras é trabalhada interdisciplinarmente pelos educandos e educadores durante a Semana Nacional do Trânsito. O evento ocorre no mês de setembro de cada ano e busca a prevenção através da educação de trânsito. Tal recomendação vem devidamente expressa nos Parâmetros Curriculares Nacionais (PCN). Algumas instituições escolares, porém, também trabalham interdisciplinarmente durante o ano todo as questões envolvendo o trânsito, tema que, inclusive, faz parte de seu plano político-pedagógico.

---

1 A *Cartilha Primeiro Passos* está disponível para todos os cidadãos, em especial para os educandos, educadores e comunidade escolar no *site*: <http://www.cbxzumbi.seed.pr.gov.br/redeescola/escolas/2/580/728/arquivos/File/2017/CARTILHA_PUBLICACAO.pdf>. Acesso em: 16 out. 2020.

O art. 74 do CTB estabelece: "A educação para o trânsito é direito de todos e constitui dever prioritário para os componentes do Sistema Nacional de Trânsito" (Brasil, 1997). Ou seja, assim como a CF, o CTB também determina que todos têm direito à educação de trânsito. Ainda nesse sentido, o art. 75 do CTB dispõe:

> Art. 75 - O CONTRAN estabelecerá, anualmente, os temas e os cronogramas das campanhas de âmbito nacional que deverão ser promovidas por todos os órgãos ou entidades do Sistema Nacional de Trânsito, em especial nos períodos referentes as férias escolares, feriados prolongados e a Semana Nacional de Trânsito.
>
> § 1° Os órgãos ou entidades do Sistema Nacional de Trânsito deverão promover outras campanhas no âmbito de sua circunscrição e de acordo com as peculiaridades locais.
>
> § 2° As campanhas de que trata este artigo são de caráter permanente, e os serviços de rádio e difusão sonora de sons e imagens explorados pelo poder público são obrigados a difundi-las gratuitamente, com a frequência recomendada pelos órgãos competentes do Sistema Nacional de Trânsito. (Brasil, 1997)

Esse artigo dispõe sobre a visibilidade e a possibilidade de realizar campanhas educativas sobre educação de trânsito por meio dos veículos de comunicação.

Já o art. 76 mostra a previsão em relação à educação de trânsito nas escolas, dispondo:

> Art. 76 – A educação para o trânsito será promovida na pré-escola e nas escolas de 1º, 2º e 3º graus, por meio de planejamento e ações coordenadas entre os órgãos e entidades do Sistema Nacional de Trânsito e de Educação, da União, dos Estados, do Distrito Federal e dos Municípios, nas respectivas áreas de atuação. (Brasil, 1997)

A educação de trânsito nas escolas depende de uma conjuntura de responsabilidades do Estado e da sociedade, ou seja, deve ser promovida pela escola, pelas famílias e pelo Estado, cada um com sua obrigação e responsabilidade em relação à formação cultural e social do indivíduo.

Nesse sentido, acrescenta o professor Berwing (2013, p. 40) ao afirmar que a educação de trânsito,

> evidentemente, não deve ser responsabilidade apenas da escola, uma educação formal apenas. Deve ser uma construção voltada à moldagem do caráter da pessoa e deve ter o comprometimento da família e da escola, pois sem o envolvimento da família dificilmente conseguiremos mudar esse quadro, posto que a figura paterna/materna é o modelo para os filhos, os quais assimilam e copiam hábitos e atitudes. São inúmeros os autores que têm se manifestado pela necessidade de mudanças, dado que o sistema tradicional de ensino parece não dar conta da complexidade do mundo atual.

A educação de trânsito é disposta de maneira a estimular os educandos a terem hábitos e comportamentos seguros no trânsito. O objetivo é transformar os conhecimentos teóricos em conhecimentos práticos do dia a dia, ou seja, que os alunos apreendam a teoria e vivenciem a prática em seu cotidiano. Dessa forma, os educadores têm um papel fundamental na construção de um cidadão crítico do mundo onde vive, o qual interfira diretamente na sociedade para o melhor convívio entre as pessoas e que tome todos os cuidados para preservar os espaços públicos e, principalmente, a própria vida e a de terceiros.

Nesse sentido, a escola tem em suas mãos a condição de preparar cidadãos conscientes em relação às normas de trânsito, criando valores relacionados a gentileza, companheirismo, cooperação, tolerância, solidariedade, preservação da vida, trabalhando, assim, para a verdadeira formação da cidadania.

No entanto, infelizmente, salvo trabalhos voluntários e abordagens durante a Semana Nacional do Trânsito, o que se vê ainda é uma resistência dos profissionais da educação em trabalhar com o tema de forma interdisciplinar. Assim, o tratamento do tema educação de trânsito ainda enfrenta dificuldades entre os educadores, no entanto, felizmente há uma tendência de mudança dessa situação com o tempo e com as novas políticas públicas voltadas ao tema.

É importante salientar que, lamentavelmente, a educação de trânsito no Brasil é pouco estimulada. Existem poucos investimentos, embora nosso ordenamento jurídico determine que tal ensino seja prioritário nas escolas do nosso país.

Nesse contexto, ao estudarmos o direito de trânsito, buscaremos compreender como a legislação (CTB) é capaz de ordenar o uso do espaço público de forma a facilitar a convivência humana no trânsito.

A vida do ser humano, os problemas pessoais, as emoções, a saúde mental etc. faz com que o local público seja instável, uma verdadeira bomba-relógio prestes a explodir.

Tal situação, atrelada ao aumento diário do fluxo de trânsito, resulta em más condutas, as quais ocorrem, na maioria das vezes, por imprudência e por motivos fúteis. Além dos prejuízos materiais, o que vemos é a perda de milhares de vidas humanas.

Nesse sentido, o Estado, ao estabelecer obrigações por meio da lei de trânsito, impõe aos cidadãos o dever-ser, ou seja, faz o regramento quanto à utilização dos espaços públicos por pedestres e veículos automotores.

As obrigações do dever-ser vêm impostas nas normas jurídicas, no entanto, podemos fazer tudo aquilo que não está nas normas. A nossa Constituição diz que somos livres, iguais e temos o direito de ir e vir garantido, entre tantos outros direitos constitucionais.

Tal direito, no entanto, é controlado pelo Estado no momento em que o cidadão passa a conviver nos espaços públicos, pois, em alguns casos, o direito de um ultrapassa o direito do outro, sendo necessária a intervenção do Estado para a solução dos conflitos.

O regramento estatal tenta, de forma coerciva, frear as condutas individuais que possam confrontar os direitos garantidos à coletividade.

Simples gestos, como jogar lixo na rua, furar filas, andar fora da faixa de pedestre e não respeitar as normas de trânsito, são exemplos de afronta aos direitos coletivos. Nesse sentido, o conjunto de normas jurídicas é necessário para controlar e, de certa forma, educar (ou reeducar) os cidadãos a não praticarem atos antissociais.

Para tanto, numa sociedade organizada, é preciso considerar várias situações. O cidadão deve estar consciente em relação aos danos que pode causar aos demais no momento que utiliza um veículo automotor, bem como na qualidade de pedestre têm o dever de evitar acidentes e complicações aos condutores dos veículos. No trânsito, o respeito deve ser mútuo entre os usuários, caso contrário, a consequência pode ser fatal.

O principal objetivo da educação de trânsito é a reeducação no sentido de valorizar a vida, preservando os direitos de todos os usuários do trânsito, e promover a utilização adequada dos meios de transportes. O direito de trânsito é mais amplo do que a própria legislação, pois não basta apenas o que está escrito na lei; é necessário educar (reeducar) constantemente o cidadão para que ele atinja a consciência (cultural) de preservar o principal bem maior: a vida.

— 2.4 —

Embriaguez ao volante: discussão constitucional

O direito de ir e vir e a preservação da vida são direitos fundamentais protegidos pela nossa Constituição Federal, por normas esparsas, por resoluções e pelas regulamentações de trânsito.

Nesse contexto, deparamo-nos com um grande problema no trânsito brasileiro: um dos principais motivos dos acidentes de trânsito hoje, no Brasil, é a embriaguez no volante.

Os acidentes envolvendo condutores embriagados fazem milhares de vítimas, causando danos materiais, físicos e, muitas vezes, fatais.

Frequentemente, quando ocorrem acidentes com condutores embriagados, as vítimas são fatais, por isso a importância do teste de alcoolemia em vítimas de acidentes de trânsito, pois possibilitará, em muitos dos casos, atribuir a culpa ou a inocência pelo acidente. O teste de alcoolemia é obrigatório por meio de exame de sangue, conforme a Resolução do Contran n. 432, de 23 de janeiro de 2013, que diz, em seu art. 11: "É obrigatória a realização do exame de alcoolemia para as vítimas fatais de acidentes de trânsito" (Brasil, 2013a).

Nesse mesmo sentido, o art. 165 do CTB preconiza:

> Art. 165 – Dirigir sob a influência de álcool ou de qualquer outra substância psicoativa que determine dependência:

> Infração – gravíssima;
>
> Penalidade – multa (dez vezes) e suspensão do direito de dirigir por 12 (doze) meses.
>
> Medida administrativa – recolhimento do documento de habilitação e retenção do veículo, observado o disposto no § 4º do art. 270 da Lei nº 9.503, de 23 de setembro de 1997 – do Código de Trânsito Brasileiro.
>
> Parágrafo único. Aplica-se em dobro a multa prevista no caput em caso de reincidência no período de até 12 (doze) meses. (Brasil, 1997)

Ou seja, resta evidente, no art. 165 do CTB, que conduzir veículo motor alcoolizado e sob influência de substância psicoativa é infração gravíssima, com medida administrativa de habilitação e retenção do veículo conforme dispositivos legais.

O CTB dispõe, no art. 277, a respeito das punições para tal infração e como devem ser realizados os exames para identificação dos condutores sob o efeito de álcool e/ou substâncias psicoativas que determine dependência:

> Art. 277 – O condutor de veículo automotor envolvido em acidente de trânsito ou que for alvo de fiscalização de trânsito poderá ser submetido a teste, exame clínico, perícia ou outro procedimento que, por meios técnicos ou científicos, na forma disciplinada pelo Contran, permita certificar influência de álcool ou outra substância psicoativa que determine dependência. (Brasil, 1997)

Conforme prevê o CTB, o exame de alcoolemia pode ser realizado de duas formas: por meio do bafômetro e/ou de exame de sangue. No entanto, o parágrafo 2º do artigo acrescenta outras formas de identificar o cidadão alcoolizado e/ou sobre influência de entorpecentes:

> § 2º A infração prevista no art. 165 também poderá ser caracterizada mediante imagem, vídeo, constatação de sinais que indiquem, na forma disciplinada pelo Contran, alteração da capacidade psicomotora ou produção de quaisquer outras provas em direito admitidas. (Brasil, 1997)

Por sua vez, o art. 165-A estabelece que:

> Art. 165-A – Recusar-se a ser submetido a teste, exame clínico, perícia ou outro procedimento que permita certificar influência de álcool ou outra substância psicoativa, na forma estabelecida pelo art. 277:
>
> Infração – gravíssima;
>
> Penalidade – multa (dez vezes) e suspensão do direito de dirigir por 12 (doze) meses;
>
> Medida administrativa–recolhimento do documento de habilitação e retenção do veículo, observado o disposto no § 4º do art. 270.
>
> Parágrafo único. Aplica-se em dobro a multa prevista no caput em caso de reincidência no período de até 12 (doze) meses. (Brasil, 1997)

O art. 165-A do CTB é alvo de grande discussão doutrinária e jurisprudencial em relação à constitucionalidade da aplicação desse dispositivo legal. A grande discussão deriva-se da obrigatoriedade do condutor em realizar o exame de bafômetro e/ou qualquer outro exame contra à sua vontade. Ao realizar o exame, o condutor estaria gerando prova contra si mesmo, ou seja, a obrigatoriedade da realização do exame de bafômetro estaria infringido o direito constitucional do cidadão de não produzir prova contra si mesmo.

E mais, em relação ao parágrafo 2° do art. 277, estaria o condutor submetido aos critérios do agente público – ao bom humor, à honestidade etc. deste –, ou seja, o agente pode vir a agir discricionariamente.

Conforme observamos no dispositivo legal, o legislador ampliou os poderes dos agentes de trânsito, dando a eles o direito de determinar provas mesmo contra a vontade do condutor.

A tal fé pública dos agentes de trânsito proporcionou poderes além das suas funções, de poder de julgar e denunciar os condutores antes mesmo do exercício do direito à ampla defesa e do contraditório.

Assim, caso o condutor se recuse a fazer o exame pretendido pelos agentes, estes podem, por meio de outras provas em direitos admitidos, chegar à conclusão pessoal (subjetiva) de que o condutor está sob efeito de álcool e/ou de substância psicoativa – por exemplo, por meio de sinais de embriaguez, excitação, odor etílico, os quais, hipoteticamente, seriam resultantes do consumo de álcool e/ou entorpecentes.

Dessa forma, parte da doutrina entende que, com tal conduta, os agentes de trânsito estariam descumprindo o direito constitucional previsto no inciso II do art. 5º da CF, que diz: "ninguém será obrigado a fazer ou deixar de fazer alguma coisa senão em virtude de lei" (Brasil, 1988). Tal afronta ao direito constitucional fica ainda mais clara no parágrafo 3º do art. 277:

> § 3º Serão aplicadas as penalidades e medidas administrativas estabelecidas no art. 165-A deste Código ao condutor que se recusar a se submeter a qualquer dos procedimentos previstos no caput deste artigo. (Brasil, 1997)

Nesse contexto, o poder dos agentes de trânsito extrapolaria o direito constitucional da presunção de inocência, da ampla defesa e do contraditório.

A discussão está no conceito de embriaguez, excitação ou torpor. Ao analisar tais conceitos no art. 277 do CTB, observamos que são vagos e imprecisos, ou seja, subjetivos.

Os agentes de trânsito, muitas vezes pelo "achismo", podem cometer injustiças. É sabido que a função dos agentes não é identificar a fisiologia e a psicologia do ser humano. Dessa forma, quando o agente, por meio da fé pública, após a recusa do condutor em realizar o exame, busca outros tipos de provas da embriaguez ou do uso de entorpecentes, estará diretamente afrontando o direito da presunção da inocência e o direito do cidadão a não fazer prova contra si mesmo.

Nesse contexto, o Estado, ao dar esse poder aos agentes de trânsito, ultrapassa os limites da liberdade dos cidadãos, impondo um poder autoritário sobre estes, o qual afronta os direitos constitucionais.

Ao dar limites extensos aos agentes de trânsito, o Estado fere também o direito constitucional à ampla defesa, pois sequer o cidadão terá o direito de fazer qualquer defesa em relação à acusação realizada pelo agente público.

Para o Justen Filho (2006, p. 208-209):

> Os chamados "atributos" do ato administrativo (presunção de legitimidade - e de regularidade -, imperatividade e autoexecutoriedade) foram concebidos durante período pretérito. Essa versão tradicional reflete a influência de concepções não democráticas do Estado. Há forte resquício das teorias políticas anteriores à instauração de um Estado Democrático de Direito, que identificavam a atividade administrativa como manifestação da "soberania" estatal. Como decorrência, o ato administrativo traduzia as "prerrogativas" do Estado, impondo-se ao particular pela utilização da força e da violência.

Para Justen Filho (2008), em alguns casos, as prerrogativas do ato administrativo podem ser traduzidas em soberania estatal, ou seja, o ato administrativo não é condizente com o Estado Democrático de Direito.

Observamos que o cidadão não tem o direito de questionar as provas acostadas nos autos pelos agentes, pois, diante da fé pública dos agentes, jamais o Ministério Público e o juiz acatarão a absolvição sumária do motorista hipoteticamente embriagado. O Supremo Tribunal Federal (STF), em recurso de *habeas corpus*, decidiu que:

> Esta Suprema Corte, fiel aos postulados constitucionais que delimitam nitidamente o círculo de atuação das instituições estatais, salientou que qualquer indivíduo que figure como objeto de procedimento investigatório, verbis: "[...] Tem, dentre as várias prerrogativas que lhe são constitucionalmente asseguradas, o direito de permanecer calado. ***Nemo tenetur se detegere*****. Ninguém pode ser constrangido a confessar a prática de um ilícito penal. O direito de permanecer em silêncio insere-se no alcance concreto da cláusula constitucional do devido processo legal**. E nesse direito ao silêncio inclui-se, até mesmo por implicitude, a prerrogativa processual de o acusado negar, ainda que falsamente perante a autoridade policial ou judiciária, a prática da infração penal". (RHC, Rel. Min. Celso de Mello, em RTJ 141/512, citado por Vale, 2014, grifo nosso)

Sendo assim, a doutrina entende que o devido processo legal não é respeitado, uma vez que o Estado poda o direito à ampla defesa e ao contraditório. O Estado, com autoritarismo, faz com que a fé pública dos agentes de trânsito se sobreponha ao direito constitucional de presunção de inocência.

No mesmo sentido que julgou o STF, a Convenção Americana sobre Direitos Humanos (Pacto de San José da Costa Rica) afirma, em seu art. 8, inciso 2, alínea g, que toda pessoa acusada de um delito tem o "direito de não ser obrigada a depor contra si mesma, nem a declarar-se culpada" (CIDH, 1969).

Também o Pacto Internacional de Direitos Civis e Políticos – promulgado pelo Decreto n. 592, de 6 de julho de 1992 –, em seu art. 14, inciso 3, alínea g, preleciona o princípio do "*nemotenetur se detefer*", dizendo que toda pessoa não pode ser "obrigada a depor contra si mesma, nem a confessar-se culpada" (Brasil, 1992a).

No entanto, mesmo diante do entendimento de inconstitucionalidade do art. 165-A do CTB, os tribunais têm julgado no sentido de não acolher as teses defensivas. Veja:

> APELAÇÃO CÍVEL. MANDADO DE SEGURANÇA CONTRA ATO DO DIRETOR GERAL DO DETRAN-PR QUE DETERMINOU A SUSPENSÃO DA CNH DO APELANTE. INFRAÇÃO DE TRÂNSITO. RECUSA AO EXAME DE ALCOOLEMIA. APLICAÇÃO DAS PENALIDADES PREVISTAS NO ART. 165-A, CONFORME O ART. 277, § 3°, DO CÓDIGO DE TRÂNSITO BRASILEIRO. SENTENÇA DENEGANDO A SEGURANÇA. IRRESIGNAÇÃO RECURSAL DO IMPETRANTE. **ARGUIÇÃO DE INCONSTITUCIONALIDADE DO ART. 165-A DO CTB. NÃO ACOLHIMENTO. NORMA DE INTERESSE COLETIVO QUE SE COADUNA COM A SEGURANÇA VIÁRIA**. PUNIÇÃO NECESSÁRIA PARA IMPEDIR A OBSTRUÇÃO À FISCALIZAÇÃO E INIBIR O CONSUMO DE ÁLCOOL ASSOCIADO À DIREÇÃO

> DE VEÍCULO AUTOMOTOR. AUSÊNCIA DE VIOLAÇÃO AOS PRINCÍPIOS DA PRESUNÇÃO DE INOCÊNCIA E DO "NEMO TENETUR SE DETEGERE". PRECEDENTES DO STJ E DO TJSP. AUTUAÇÃO ADMINISTRAVIA HÍGIDA. SENTENÇA MANTIDA. RECURSO DESPROVIDO. (TJPR - 5ª C. Cível - APL 0004172-59.2017.8.16.0004 - Curitiba - Rel.: Juiz Rogério Ribas - J. 30.04.2019). (TJ-PR, 2019)

No mesmo sentido é o posicionamento do STJ no Informativo n. 612, de 25 de outubro de 2017, que diz:

> A sanção do art. 277, § 3°, do CTB dispensa demonstração da embriaguez por outros meios de prova, uma vez que a infração reprimida não é de embriaguez ao volante, prevista no art. 165, mas a de recusa em se submeter aos procedimentos recusa do *caput* do art. 277, de natureza instrumental e formal, consumada com o comportamento contrário ao comando legal.
>
> [...]
>
> Discute-se a consequência administrativa da recusa do condutor de veículo automotor a se submeter a teste, exame clínico, perícia ou outro procedimento que permita certificar influência de álcool ou outra substância psicoativa. O art. 165 do CTB prevê sanções e medidas administrativas para quem dirigir sob a influência de álcool ou de qualquer outra substância psicoativa que determine dependência. Já o art. 277, § 3°, na redação dada pela Lei n. 11.705/2008, determina a aplicação das mesmas penalidades e restrições administrativas do art. 165 ao condutor que se recusar a se submeter a testes de

> alcoolemia, exames clínicos, perícia ou outro exame que permitam certificar seu estado. (STJ, 2017)

Nesse contexto, a decisão anteriormente citada continua informando que entende-se que existem duas infrações independentes com a mesma pena (dirigir embriagado e recusar-se o condutor a se submeter a procedimentos que permitam aos agentes de trânsito constatar o estado do motorista). Dessa forma, a jurisprudência entende que a recusa de realizar o teste de bafômetro não presume a embriaguez relatada no art. 165 do CTB, ou seja, são infrações distintas com a mesma pena, como forma de desestimular a obstrução da fiscalização e dificultar a fiscalização da segurança viária. Nesse sentido, o disposto no art. 277 do CTB trata de uma obrigação de fazer do condutor de veículo automotor e, em caso de não cumprimento, o agente se utiliza do disposto nos parágrafos 2º e 3º do mesmo artigo. Dessa forma, a jurisprudência entende que tais artigos não são inconstitucionais.

Sobre essa questão, a jurisprudência do Tribunal de Justiça de São Paulo (TJ-SP) afirma:

> Apelação Cível – Pretensão à anulação do auto de infração e imposição de multa – Artigo 165 do CTB – Recusa imotivada em realizar o teste do bafômetro – Impossibilidade – **A recusa em efetivar qualquer dos procedimentos previstos na legislação de regência, caracteriza a infração do art. 165 do CTB– Art. 277 do CTB, Resolução nº 432/2013 do CONTRAN – Ausência**

> **de ilegalidade no ato praticado** - Presunção de legalidade e legitimidade dos atos administrativos - Sentença mantida Recurso não provido. (TJSP; AC - 1000846-75.2016.8.26.0022; Relator: Marrey Uint; Data de Julgamento: 27/02/2018; 3ª Câmara de Direito Público; Data de publicação: 25/03/2019). (TJ-SP, 2019, grifo nosso)

Assim, as jurisprudências estudadas anteriormente entendem que não existe inconstitucionalidade nos artigos do CTB e que deve prevalecer o interesse da coletividade em razão da necessidade de dar segurança aos usuários do trânsito.

No entanto, a jurisprudência também é clara ao afirmar que, em caso de infração de trânsito conforme consta no art. 165-A, diante da recusa do condutor em submeter-se ao teste do etilômetro, o agente da autoridade de trânsito deve utilizar outros elementos para a constatação da infração, nos termos do art. 277, parágrafo 3º, do CTB. Veja a jurisprudência do Tribunal de Justiça do Rio Grande do Sul (TJ-RS), que admitiu a nulidade do auto de infração de trânsito por recusa a realizar o teste de bafômetro:

> RECURSO INOMINADO. DETRAN/RS. AUTO DE INFRAÇÃO DE TRÂNSITO. RECUSA DO CONDUTOR EM SUBMETER-SE AO TESTE DO ETILÔMETRO. ARTIGO 165-A do CTB. AFASTAMENTO. SENTENÇA REFORMADA. RECURSO PROVIDO, POR MAIORIA, POR FUNDAMENTOS DIVERSOS. (TJ-RS. Processo n. 71007691801. CNJ: 0027419-72.2018.8.21.9000. Julgamento: 27/07/2018). (TJ-RS, 2018)

Nesse sentido, resta claro que o agente da autoridade de trânsito só poderá levar o condutor a teste de bafômetro se este apresentar sinais externos de influência de álcool, devendo o agente certificar tais sinais em termo próprio, com todas as descrições e características que o levaram a tal conclusão, de preferência na presença de testemunhas idôneas.

Nesse último julgado, o relator ainda mencionou que a autuação sem constatação de embriaguez é uma ameaça à segurança no trânsito, pois tal ato configura arbitrariedade e viola os princípios constitucionais da liberdade de ir e vir, da presunção de inocência e da não (auto)incriminação, conforme disposto no art. 5º, XV, incisos LVII e LXIII, da CF.

Para Di Pietro (2011, p. 212), o "motivo é o pressuposto de fato e de direito que serve de fundamento para a existência no plano jurídico do Ato Administrativo e que a motivação é a exposição dos motivos, sendo, pois, a demonstração escrita de que os pressupostos de fato realmente existiram". Ou seja, é necessário que o agente de trânsito exponha os fatos que levaram à constatação ou à conclusão da embriaguez. Caso não aconteça dessa forma, é nulo o auto de infração.

Nesse sentido também entende o Superior Tribunal de Justiça (STJ, 2018, grifo nosso):

> ADMINISTRATIVO. INFRAÇÃO DE TRÂNSITO. TESTE DO ETILÔMETRO. RECUSA. ESTADO DE EMBRIAGUEZ NÃO EVIDENCIADO. DESNECESSIDADE. ARTS. 277, § 3º, E 165 DO CÓDIGO DE TRÂNSITO BRASILEIRO. INFRAÇÕES DIVERSAS.

PENALIDADE PELA SIMPLES RECUSA. POSSIBILIDADE. REGULARIDADE DO AUTO DE INFRAÇÃO. PRECEDENTE. I - Na origem, trata-se de ação declaratória de nulidade de auto de infração que aplicou a penalidade estabelecida no art. 165 do Código de Trânsito Brasileiro, ante a recusa do condutor do veículo na realização do teste do etilômetro (bafômetro). II - **A controvérsia travada nos autos cinge-se à possibilidade da aplicação da penalidade administrativa decorrente da simples recusa na realização do teste do etilômetro, bem como na imprescindibilidade de outro meio de prova da influência de álcool ou outra substância psicoativa, a fim de configurar a infração de trânsito prevista no art. 277, § 3º, do Código de Trânsito Brasileiro - de acordo com a redação dada pela Lei n. 11.705/2008. III - A recusa em se submeter a testes de alcoolemia, apesar de ser, per si, insuficiente à configuração da embriaguez do condutor do veículo - infração administrativa diversa, tipificada no art. 165 do Código de Trânsito Brasileiro, impõe a aplicação das mesmas penalidades previstas no referido dispositivo legal, conforme estabelece o art. 277, § 3º, do Código de Trânsito Brasileiro.** IV - A evidência do estado de embriaguez do infrator apenas é imprescindível, quando não realizado o teste do etilômetro, para caracterizar a infração prevista no supracitado art. 165, mas desnecessária para a infração do art. 277, § 3º, em razão da singularidade das infrações, embora impostas as mesmas sanções. Precedente: REsp 1.677.380/RS, Rel. Ministro Herman Benjamin, Segunda Turma, Julgado em 10/10/2017. V - Recurso especial provido para reconhecer a regularidade do auto de infração. (STJ-REsp: 1758579 RS 2018/0198130-6, Relator: Ministro FRANCISCO FALCÃO, Data de Julgamento:

> 13/11/2018, T2-SEGUNDA TURMA, Data de Publicação: DJe 04/12/2018)

Dessa forma, as infrações cometidas nos arts. 277 e 165 do CTB são autônomas, mas o tipo de infração e as medidas administrativas são as mesmas previstas. A jurisprudência citada anteriormente dispõe que a busca pela evidência de embriaguez do infrator só é imprescindível quando não for realizado o teste do etilômetro, para que seja possível caracterizar a infração do art. 165, mas é desnecessária para a infração do art. 277, parágrafo 3º, do CTB.

A discussão doutrinária e a jurisprudência em relação à inconstitucionalidade do art. 165-A podem estar com os dias contados. O STF está julgando um recurso extraordinário que busca a inconstitucionalidade do referido artigo.

No dia 28 de fevereiro de 2020, o ministro do STF Luiz Fux, relator do Recurso Extraordinário n. 1.224.374/ RG/RS, decidiu o seguinte em seu relatório:

> A questão constitucional trazida à apreciação desta Suprema Corte no presente recurso extraordinário, conforme relatado, diz respeito à constitucionalidade do artigo 165-A do Código de Trânsito Brasileiro (CTB), incluído pela Lei 13.281/2016, ***sobretudo em virtude de direitos e garantias individuais relativos à liberdade de ir e vir, à presunção de inocência, à não autoincriminação, à individualização da pena, aos princípios da razoabilidade e da proporcionalidade, ante a recusa do condutor em realizar teste de alcoolemia, como o do bafômetro***

(etilômetro). Por outro lado, não se desconhece a preocupação do legislador em conferir tratamento mais austero àquele que, na condução de veículo, soba influência de álcool ou outra substância psicoativa, expõe a perigo os direitos à vida, à saúde e à segurança no trânsito. Destarte, a *vexata quaestio* transcende os limites subjetivos da causa, porquanto o tema em apreço sobressai do ponto de vista constitucional, especialmente em razão da declaração de inconstitucionalidade de dispositivo de lei nacional. Demais disso, a temática revela potencial impacto em outros casos, tendo em vista a atuação dos órgãos de fiscalização integrados ao Sistema Nacional de Trânsito. Configura-se, assim, a relevância da matéria sob as perspectivas social, econômica e jurídica (artigo 1.035, § 1º, do Código de Processo Civil de 2015), bem como a transcendência da questão cuja repercussão geral ora se submete ao escrutínio desta Suprema Corte. Ressalte-se, ainda, a Ação Direta de Inconstitucionalidade 4.103, a mim distribuída, na qual se questiona a constitucionalidade de diversos dispositivos da Lei 11.705/2008 ("Lei Seca"), com as alterações da Lei 12.760/2012, cujo objeto tangencia questões constitucionais igualmente suscitadas no presente feito. Nesse sentido, tenho que a controvérsia constitucional em apreço ultrapassa os interesses das partes, avultando-se relevante do ponto de vista econômico, político, social e jurídico. Ex positis, afasto o sobrestamento do feito e, nos termos do artigo1.035 do Código de Processo Civil de 2015 e artigo 323 do Regimento Interno do Supremo Tribunal Federal, **manifesto-me pela EXISTÊNCIA**

> **DE REPERCUSSÃO GERAL DA QUESTÃO CONSTITUCIONAL SUSCITADA** e submeto a matéria à apreciação dos demais Ministros da Corte. (STF, 2020, grifo nosso)

Dessa forma, o douto relator enviou o julgamento do recurso extraordinário para apreciação dos demais ministros da corte, por entender que o material envolvendo o art. 165-A do CTB é, sim, uma **matéria de repercussão geral**, e que já está no momento de o STF enfrentar tal discussão e dar uma decisão no sentido de declarar ou não a inconstitucionalidade de tal artigo.

O parecer foi recepcionado pelo ministro Marco Aurélio, que acompanhou a decisão do relator e encaminhou o recurso extraordinário para apreciação dos demais ministros da Corte. Assim despachou:

> 2. Tem-se matéria de envergadura constitucional, circunstância a reclamar o crivo do Supremo. Cumpre a este Tribunal definir a compatibilidade, com a Carta da República, do artigo 165-A do Código de Trânsito Brasileiro. 3. **Pronuncio-me no sentido de estar configurada a repercussão maior. 4. À Assessoria, para acompanhar a tramitação do incidente.** 5. Publiquem. (STF, 2020, grifo nosso)

Em breve, então, estaremos diante de uma decisão do STF que poderá acabar com a discussão em relação à inconstitucionalidade do artigo 165-A do CTB.

Curiosidade:

A própria imagem é a razão da curiosidade deste capítulo: o que dizer? **O direito de ir e vir transcende a evolução do animal.**

Figura 2.2 - Evolução animal

Michael_stock/Shutterstock

Capítulo 3

Trânsito no Brasil

Neste capítulo, abordaremos temas relacionados ao trânsito brasileiro. Inicialmente, faremos um breve estudo sobre as rodovias brasileiras, apresentando as siglas e os números que compõem a nomenclatura destas.

Seguindo nossos estudos, veremos quem são os usuários do trânsito e as suas particularidades. Trataremos também da Lei n. 12.587, de 3 de janeiro de 2012 (Brasil, 2012a), a qual dispõe sobre a Política Nacional de Mobilidade Urbana (PNMU).

Veremos ainda como funciona o Sistema Nacional de Trânsito (SNT), as resoluções e os pareceres dos órgãos de trânsito.

Ao final do capítulo, conheceremos as Convenções Internacionais de Trânsito.

— 3.1 —
As nomenclaturas das rodovias brasileiras

É comum as seguintes perguntas em viagens de carro: Por que as rodovias têm siglas, letras e números para identificá-las? Por que as rodovias sempre começam com siglas como BR, SC, PR, RS etc. e terminam com números?

Conforme veremos a seguir, as siglas servem para identificarmos as rodovias estaduais e federais.

É mais simples do que parece. As rodovias federais iniciam com a sigla BR - Brasil. Já as estaduais, com as siglas dos estados brasileiros onde elas se localizam, por exemplo: Acre - AC;

Alagoas – AL; Amapá – AP; Amazonas – AM; Bahia – BA; Ceará – CE; Distrito Federal – DF; Espírito Santo – ES; Goiás – GO; Maranhão – MA; Mato Grosso – MT; Mato Grosso do Sul – MS; Paraná – PR.

Então, agora você já sabe que as letras nas siglas servem para identificar as rodovias estaduais e/ou federais. E para que servem os números?

Os números vão identificar a localização e a categoria do Plano Nacional de Viação (PNV).

Você deve estar se perguntando: O que isso significa?

Sempre os números das rodovias serão compostos por três algarismos. O primeiro algarismo identifica a categoria do PNV; já os outros dois algarismos servem para identificar a localização da rodovia, ou seja, são orientações geográficas da rodovia, cuja localização é sempre em relação à Brasília e a todas as fronteiras do país: norte, sul, leste e oeste (Brasil, 2020a).

— 3.1.1 —
Tipos de rodovias[1]

Conforme falamos, as siglas e os números utilizados são necessários para identificação e localização das rodovias brasileiras, bem como para orientações geográficas em relação à capital do Brasil e às fronteiras do país.

---

1 Os mapas e a relação de todas as rodovias federais radiais, longitudinais, transversais, diagonais e de ligação estão disponíveis no no *site* do DNIT: <https://www.gov.br/dnit/pt-br/rodovias/rodovias-federais/nomeclatura-das-rodovias-federais>. Acesso em: 5 out. 2020.

Para explicar com clareza como se ocorre a utilização das siglas e dos números, a partir de agora passaremos a utilizar os dados disponibilizados pelo Departamento Nacional Infraestrutura e Transporte – DNIT (Brasil, 2020a). Veremos como são compostas essas nomenclaturas e os tipos de rodovias que temos no Brasil.

Rodovias radiais

As rodovias radiais, são aquelas que partem da capital federal do Brasil em direção aos extremos do país. Veja detalhes no quadro a seguir.

Quadro 3.1 – Rodovias radiais

Nomenclatura	BR - 0XX
Primeiro algarismo	0 (zero)
Algarismo restantes	A numeração dessas rodovias pode variar de 05 a 95, segundo a razão numérica 05 e no sentido horário.
Exemplo	BR - 040

Fonte: Elaborado com base em Brasil, 2020a.

Rodovias longitudinais

As rodovias longitudinais são aquelas que cortam o país na direção Norte–Sul. Veja mais detalhes sobre esse tipo de rodovia no quadro a seguir.

Quadro 3.2 – Rodovias longitudinais

Nomenclatura	BR-1XX
Primeiro algarismo	1 (um)
Algarismos restantes	A numeração varia de 00, no extremo leste do país, a 50, na Capital, e de 50 a 99, no extremo oeste. O número de uma rodovia longitudinal é obtido por interpolação entre 00 e 50, se a rodovia estiver a leste de Brasília, e entre 50 e 99, se estiver a oeste, em função da distância da rodovia ao meridiano da capital federal.
Exemplos	BR-101, BR-153, BR-174

Fonte: Elaborado com base em Brasil, 2020a.

Rodovias transversais

As rodovias transversais são aquelas que cortam o país na direção Leste-Oeste. Veja mais detalhes no quadro a seguir.

Quadro 3.3 – Rodovias transversais

Nomenclatura	BR-2XX
Primeiro algarismo	2 (dois)
Algarismos restantes	A numeração varia de 00, no extremo norte do país, a 50, na capital federal, e de 50 a 99 no extremo sul. O número de uma rodovia transversal é obtido por interpolação, entre 00 e 50, se a rodovia estiver ao norte da capital, e entre 50 e 99, se estiver ao sul, em função da distância da rodovia ao paralelo de Brasília.
Exemplos	BR-230, BR-262, BR-290

Fonte: Elaborado com base em Brasil, 2020a.

Rodovias diagonais

As rodovias diagonais podem apresentar dois modos de orientação: Noroeste-Sudeste ou Nordeste-Sudoeste. Veja mais detalhes sobre essas rodovias no quadro a seguir.

Quadro 3.4 – Rodovias diagonais

Nomenclatura	BR-3XX
Primeiro algarismo	3 (três)
Algarismos restantes	A numeração dessas rodovias obedece ao critério especificado a seguir – direção NO-SE E direção NE-SO
Diagonais orientadas na direção geral NO-SE	A numeração varia, segundo números pares, de 00, no extremo Nordeste do país, a 50, em Brasília, e de 50 a 98, no extremo Sudoeste. Obtém-se o número da rodovia mediante interpolação entre os limites consignados, em função da distância da rodovia a uma linha com a direção Noroeste-Sudeste, passando pela capital federal.
Exemplos	BR-304, BR-324, BR-364
Diagonais orientadas na direção geral NE-SO:	A numeração varia, segundo números ímpares, de 01, no extremo Noroeste do país, a 51, em Brasília, e de 51 a 99, no extremo Sudeste. Obtém-se o número aproximado da rodovia mediante interpolação entre os limites consignados, em função da distância da rodovia a uma linha com a direção Nordeste-Sudoeste, passando pela Capital Federal.
Exemplos	BR-319, BR-365, BR-381

Fonte: Elaborado com base em Brasil, 2020a.

Rodovias de ligação

Em relação às rodovias de ligação, é importante saber que estas se apresentam em qualquer direção. Geralmente ligam as rodovias federais ou, pelo menos, uma rodovia federal a cidades ou pontos importantes, ou, ainda, ligam as nossas fronteiras internacionais.

Quadro 3.5 – Rodovias de ligação

Nomenclatura	BR-4XX
Primeiro algarismo	4 (quatro)
Algarismos restantes	A numeração dessas rodovias varia entre 00 e 50, se a rodovia estiver ao norte do paralelo da Capital Federal, e entre 50 e 99, se estiver ao sul desta referência.
Exemplos	BR-401 (Boa Vista/RR - Fronteira BRA/GUI), BR-407 (Piripiri/PI - BR-116/PI e Anagé/PI), BR-470 (Navegantes/SC - Camaquã/RS), BR-488 (BR-116/SP - Santuário Nacional de Aparecida/SP).

Fonte: Elaborado com base em Brasil, 2020a.

Em relação à **quilometragem das rodovias**, estas não são cumulativas de uma Unidade da Federação para a outra. Dessa forma, toda vez que uma rodovia inicia dentro de uma nova Unidade da Federação, sua quilometragem começa novamente a ser contada a partir de zero. Por isso, pode uma rodovia com o mesmo nome pode ter o mesmo número de quilometragem em Estado diferente. O sentido da quilometragem segue sempre o sentido descrito na Divisão em Trechos do Plano Nacional de Viação e, basicamente, pode ser resumido da forma a seguir:

- **Rodovias radiais** – o sentido de quilometragem vai do Anel Rodoviário de Brasília em direção aos extremos do país, e tendo o quilômetro zero de cada estado no ponto da rodovia mais próximo à capital federal.
- **Rodovias longitudinais** – o sentido de quilometragem vai do norte para o sul. As únicas exceções deste caso são as BR-163 e BR-174, que tem o sentido de quilometragem do sul para o norte.
- **Rodovias transversais** – o sentido de quilometragem vai do leste para o oeste.
- **Rodovias diagonais** – a quilometragem se inicia no ponto mais ao norte da rodovia indo em direção ao ponto mais ao sul. Como exceções podemos citar as BR-307, BR-364 e BR-392.
- **Rodovias de ligação** – geralmente a contagem da quilometragem segue do ponto mais ao norte da rodovia para o ponto mais ao sul. No caso de ligação entre duas rodovias federais, a quilometragem começa na rodovia de maior importância.

Ainda, podem ocorrer **superposições** de rodovias. Ou seja, uma ou mais rodovias podem passar em um mesmo ponto, sobrepondo a outra. Neste caso, utiliza-se geralmente a adoção do número da rodovia que tem maior relevância naquela localidade, geralmente nomeada com o número da rodovia que tem maior circulação de veículos. O Departamento Nacional de Infraestrutura de Transportes (DNIT) recentemente também passou a utilizar a identificação do trecho da rodovia superposta à rodovia que tem a menor numeração, situação que está sendo utilizada por questões de operacionalidade dos sistemas de informática do órgão.

— 3.2 —

Quem faz parte do trânsito pelo CTB

O CTB traz, no Anexo I, os conceitos em relação ao trânsito, em especial quem são seus usuários, ou seja, quem faz parte do trânsito.

Sendo assim, neste tópico faremos um estudo de compreensão dos usuários do trânsito de maneira direta e mais informal, para que nossa análise fique mais agradável e a compreensão mais facilitada.

Dessa forma, é de extrema importância que você vá até o CTB – disposto na Lei n. 9.503, de 23 de setembro de 1997 (Brasil, 1997) – e faça uma análise mais aprofundada de todos os termos utilizados para definir quem faz parte do trânsito. É no CTB que temos a letra da lei e que encontraremos os termos corretos, ou seja, é nele que você buscará a interpretação formal e legal do texto da lei.

Nesse sentido, seu comprometimento com a pesquisa e com o estudo do CTB complementará o nosso estudo.

Todos os direitos e deveres contemplados nesse código buscam disponibilizar diretrizes para um melhor convívio entre os usuários do espaço público comum. Assim, é importante você saber que o CTB tem como prioridade e objetivo a redução de danos a terceiros e, principalmente, a proteção da vida de todos os usuários das vias públicas.

— 3.2.1 —
Os pedestres

Os pedestres são parte integrante do trânsito. Dessa forma, podemos definir *pedestre* como:

> qualquer pessoa andando a pé em pelo menos parte da sua jornada. Além da forma comum de andar, um pedestre pode estar usando diversas formas modificadas e auxiliares, como cadeira de rodas, patinetes motorizados, andadores, bengalas, skates e patins. Essa pessoa pode estar carregando uma variedade de coisas nas mãos, nas costas, na cabeça, nos ombros, ou empurrando/puxando tais coisas. Uma pessoa também é considerada pedestre quando está correndo, trotando, escalando, ou quando estiver sentada ou deitada na via. (Opas, 2013, p. 9)

Nesse contexto, as leis de trânsito têm como fundamento proteger o bem mais importante do ser humano, a vida, o CTB tem como objetivo principal proteger a vida e os danos a terceiros. Para tanto, as leis de trânsito trazem direitos e obrigações aos pedestres, que podem ser facilmente observados no CTB. A seguir, analisaremos algumas proibições (deveres) dos pedestres estabelecidos no art. 254 do CTB.

O pedestre é proibido de:

1. Permanecer ou andar na pista de rolamento;
2. Cruzar a pista nos viadutos;

3. Cruzar pontes ou túneis;
4. Andar fora da faixa de pedestre;
5. Desobedecer à sinalização de trânsito.

Fonte: Elaborado com base em Brasil, 1997.

Tais infrações do pedestre são passíveis de penalidade, podendo ser enquadradas como infração de natureza leve (CTB). O valor da infração a ser aplicada ao pedestre é correspondente a 50% do valor aplicado à infração de natureza leve (CTB).

No entanto, mesmo com tal previsão legal, o que observamos nas cidades brasileiras é bem diferente do que rege a lei. Praticamente não existe a aplicabilidade desta, sendo quase impossível a sua aplicação.

Nesse contexto, mesmo que o motorista tenha grande responsabilidade na direção do veículo automotor e seja obrigado a fazer a direção defensiva, é importante ao menos que o pedestre cumpra a sua parte no trânsito, evitando provocar acidentes.

Nesse sentido, tais responsabilidades vêm de encontro às diretrizes da educação de trânsito, a qual tem grande função na preparação dos pedestres para o dia a dia do trânsito. O pedestre, ao sair na rua, deve estar atento ao que passa ao seu entorno e conhecer e cumprir as regras de trânsito: ter cuidado especial ao atravessar as vias públicas, andar sempre na faixa de pedestre, observar se o sinal de pedestre está verde, olhar para os lados para verificar o fluxo de veículos, atravessar sempre pelas passarelas, quando estas existirem, observando com atenção todas as regras de segurança estabelecidas pelo CTB e pelo bom senso.

É importante lembrar que, mesmo não havendo sinalizações, o pedestre deve avaliar as condições do trânsito para não ficar em situação de risco. Ao seguir essas orientações, vai estar evitando acidentes e, principalmente, protegendo o bem mais valioso: a própria vida.

— 3.2.2 —
Os motoristas

Outra parte integrante do trânsito são os motoristas. *Motorista* é a "pessoa que dirige um automóvel, chofer" (Motorista, 2020). Apesar de o pedestre ter de tomar os cuidados necessários para se proteger e não colocar em risco os motoristas, estes, por sua vez, devem se ater a fazer uma direção defensiva e a respeitar todas as regras de trânsito estabelecidas no CTB.

Neste tópico, faremos uma abordagem básica dos direitos e das obrigações dos motoristas. Vamos, assim, pontuar algumas obrigações (deveres) estabelecidas no CTB, as quais estão apresentadas a seguir.

Algumas obrigações dos motoristas:

1. Estar em dia com as documentações: pessoais e do veículo;
2. Respeitar as leis de trânsito;

3. Respeitar os usuários das vias públicas;
4. Agir com prudência;
5. Conhecer com antecedência o trajeto – programar-se antes de pegar a estrada;
6. Respeitar os pedestres;
7. Fazer a direção defensiva;
8. Não ingerir bebidas alcoólicas;
9. Respeitar a velocidade permitida da via;
10. Não avançar a faixa de pedestre;
11. Não jogar lixo nas vias públicas;
12. Não andar abaixo da velocidade mínima permitida;
13. Não usar celular enquanto estiver dirigindo.

Fonte: Elaborado com base em Brasil, 1997.

Essas são algumas das obrigações dos motoristas. No entanto, as normas de trânsito trazem outras obrigações, tendo em vista que os motoristas são os usuários com mais probabilidade de ocasionar acidentes nas vias públicas, pois são eles que causam os maiores danos aos outros usuários do trânsito.

Existe a necessidade constante de os motoristas cumprirem as determinações legais e respeitarem as normas de trânsito a fim de prevenirem acidentes e preservarem a própria vida e a vida de terceiros.

— 3.2.3 —
Os ciclistas

Os ciclistas também são parte integrante do trânsito. Segundo o dicionário *Michaelis* (2020), é "aquele que anda de bicicleta". Além de utilizarem as bicicletas como equipamentos de lazer, esporte, utilizam-nas como meio de locomoção para ir e vir do trabalho e para realizar outras tarefas do cotidiano.

Hoje, no Brasil, a quantidade de ciclistas em vias públicas está aumentando dia a dia. Assim, as cidades brasileiras estão se modernizando para compartilhar o trânsito com as bicicletas, o que demanda regulamentos para a conduta dos ciclistas no trânsito.

Como os outros integrantes do trânsito, o ciclista também tem obrigações e deveres estabelecidos no CTB. No entanto, cabe a cada cidade e Estado estabelecer regulamentações e políticas públicas visando tornar a condução das bicicletas mais seguras, como locais especiais para o trânsito desse veículo (ciclovias).

Por ser um veículo que necessita de força física, o ciclismo é considerado uma prática saudável (esporte). Além de não poluir o meio ambiente, a bicicleta é um meio de transporte barato e totalmente sustentável.

É importante, porém, observar o art. 68, parágrafo 1°, do CTB, que estabelece: "O ciclista desmontado empurrando a bicicleta equipara-se ao pedestre em direitos e deveres" (Brasil, 1997).

O CTB ainda prevê a possibilidade de impor penalidades aos ciclistas, mas, assim como ocorre no caso dos pedestres, tais penalidades são quase impossíveis de serem aplicadas. Nesse contexto, o código prevê que as autoridades de trânsito devem regulamentar as condutas dos ciclistas e determinar locais adequados para o trânsito dos destes.

Em algumas cidades brasileiras, vemos que cada vez mais os governantes estão investindo na construção de malhas de ciclovias e ciclofaixas. Inclusive, em várias cidades o trânsito no final de semana é suspenso para a prática do ciclismo de lazer, entre elas a maior cidade do país – São Paulo –, que aos domingos libera vários quilômetros de trecho urbano exclusivamente para o lazer com as bicicletas.

No entanto, é importante ressaltar que o art. 59 do CTB diz que "é permitido em algumas ocasiões a condução de bicicletas em calçadas, desde que as calçadas sejam compartilhadas e sinalizadas para esse tipo de trânsito" (Brasil, 1997).

Esse tipo de compartilhamento de calçadas está crescendo cada vez mais nas cidades brasileiras, pois os regulamentos criados pelas autoridades de trânsito de cada cidade permitem que existam regras de fluxo de pedestres, bicicletas e, em alguns casos, o uso de patins, *skate*, patinetes etc.

Nesse contexto, os ciclistas são parte importante do trânsito e devem sempre praticar uma pedalada preventiva, evitando acidentes e preservando a vida de todos os usuários que compõem o trânsito.

— 3.2.4 —
Os motociclistas

Em busca de economia de tempo, a cada dia que passa cresce a quantidade de motociclistas no Brasil. Os motociclistas são aqueles que utilizam os veículos chamados de motocicletas, motonetas, ciclomotores. Esses veículos proporcionam maior agilidade aos pilotos no trânsito.

Tendo em vista tal agilidade, além de serem utilizadas para o lazer, para ir e vir do trabalho, as motocicletas também são utilizadas como ferramenta de trabalho pelos chamados *motoboys*: para entregas de mercadorias, documentos etc.

As motocicletas, as motonetas e os ciclomotores são veículos acessíveis à população mais pobre do país, pois, dependendo do modelo, o custo benefício é interessante. Às vezes, o valor das parcelas e do combustível que um motociclista paga sai mais barato do que o transporte público que ele pagaria, por exemplo, para ir trabalhar. Essa facilidade de comprar e financiar faz com que aumente cada vez mais o número desse tipo de veículo no trânsito brasileiro.

No entanto, por serem veículos que não têm grande proteção em relação à segurança, bem como por serem ágeis, são também os que proporcionalmente apresentam maior risco de acidentes.

Dessa forma, o CTB dispõe que o motociclista deve respeitar as normas de segurança, zelando pela própria segurança e a do passageiro, além de sempre praticar a direção defensiva.

Motociclista e passageiro devem utilizar os equipamentos de segurança e o motociclista não pode fazer manobras inadequadas, respeitando sempre a velocidade permitida.

O art. 54 do CTB dispõe sobre os equipamentos de segurança que devem ser utilizados pelo motociclista. Observe a seguir.

Equipamentos de segurança – art. 54 do CTB:

1. O motociclista deve utilizar capacete;
2. O capacete deve ter viseira ou óculos protetores;
3. As viseiras devem estar baixadas no momento que estiver em movimento;
4. O motociclista deve utilizar vestuário de proteção.

Fonte: Elaborado com base em Brasil, 1997.

Nas grandes cidades, principalmente nas periferias, outro equipamento de segurança para o motociclista é a antena de proteção contra fios de cerol. Os fios de cerol, que são utilizados em pipas (papagaios, raias etc.), são envolvidos com cola e pó de vidro. Assim, dependendo da velocidade da motocicleta, são capazes de ferir gravemente o motociclista, levando, em alguns casos, ao óbito.

Os motociclistas são os mais vulneráveis no trânsito, conforme dados apresentados em matéria da revista *Em Discussão*, do Senado Federal, na qual a médica fisiatra Júlia Greve, professora associada da Faculdade de Medicina da Universidade de São Paulo (USP) e coordenadora do Laboratório de Estudo do Movimento do Hospital das Clínicas, resumidamente explica o porquê dessa vulnerabilidade: "Acho que não existem acidentes de moto, existem acidentes de trânsito em que as motos estão envolvidas. E as motos se envolvem mais porque vemos mais vítimas. Quando dois carros batem, apenas amassa o para-choque, já na moto o para-choque do motociclista é ele mesmo" (Brasil, 2012c).

A reportagem ainda traz as seguintes informações:

> Cada vez mais, os serviços de resgate nas ruas, os atendimentos de emergência dos hospitais e mesmo as unidades de terapia intensiva vêm sendo dominados pelas vítimas de acidentes de motocicletas. Em 2011, de acordo com dados da Associação Brasileira de Medicina de Tráfego (Abramet) e do Departamento Nacional de Trânsito (Denatran), ocorreram 72,2 mil internações de vítimas de acidentes de trânsito. Desse total, 35,7 mil foram vítimas de acidentes de moto, o que representa quase 50%. (Brasil, 2012c)

Outro fator importante apontado nessa pesquisa é que "85% dos compradores de motos pertencem às classes C, D e E", bem como que a maioria dos que morrem nos acidentes de moto são "homens jovens, negros e pobres" (Brasil, 2012c).

Conforme o *site* Portal do Trânsito, "Nos últimos dez anos, cerca de 200 mil pessoas morreram em acidentes envolvendo motos" (Czerwonka, 2019a). Em matéria publicada em 6 de setembro de 2019, o *site* traz a informação que "o Seguro DPVAT pagou 3,2 milhões de indenizações às vítimas de acidentes de trânsito envolvendo motocicletas e ciclomotores" entre 2009 e 2018, das quais "quase 200 mil pessoas morreram" (Czerwonka, 2019a). É assustador que "nos últimos dez anos, mais de 2,3 milhões de vítimas foram indenizadas" (Czerwonka, 2019a). Ainda segundo o *site*, a maioria dos condutores que sobrevivem, cerca de 70%, fica com algum tipo de sequela permanente.

Conforme já observamos em relação ao pedestre, ao motorista e ao ciclista, o motociclista também tem a responsabilidade de pilotar de maneira defensiva em relação aos outros usuários das vias públicas. Dessa forma, também estará preservando a própria vida e as vidas dos demais usuários.

— 3.3 —
Política Nacional de Mobilidade Urbana: Lei n. 12.587/2012

A Constituição da República Federativa do Brasil (CRFB) de 1998 traz em seu bojo, em especial no art. 21, inciso XX, e no art. 182, a necessidade de regulamentar as políticas públicas relacionadas à mobilidade urbana.

Pensar em mobilidade urbana é pensar em como fazer os usuários do trânsito respeitarem as questões ambientais e os espaços de circulação comuns de maneira a facilitar a mobilidade e a acessibilidade. Neste tópico, trataremos da regulamentação da integração entre os diferentes meios de transporte, bem como da busca pela qualidade na acessibilidade e na mobilidade das pessoas e de cargas no território municipal. A regulamentação está disposta na Lei 12.587, de 3 de janeiro de 2012 (Brasil, 2012a), a qual dispõe sobre a Política Nacional de Mobilidade Urbana (PNMU). A seguir, veremos os princípios estruturantes da PNMU, dispostos no artigo 5º da Lei n. 12.587/2012.

I. **Acessibilidade universal** – se refere à possibilidade de todos os cidadãos terem acesso livre aos espaços urbanos, preservando a segurança e a liberdade.
II. **Desenvolvimento sustentável das cidades, nas dimensões socioeconômicas e ambientais** – promoção do desenvolvimento socioeconômico das cidades sem prejudicar o meio ambiente.
III. **Equidade no acesso dos cidadãos ao transporte público coletivo** – os cidadãos que utilizam o transporte público devem ser tratados com igualdade e dignidade.
IV. **Eficiência, eficácia e efetividade na prestação dos serviços de transporte urbano** – a prestação de serviço dos transportes públicos tem que ser de qualidade, atendendo a necessidade do cidadão e do sistema viário.
V. **Gestão democrática e controle social do planejamento e avaliação da Política Nacional de Mobilidade Urbana** – diz respeito à participação direta do cidadão nas decisões voltadas à organização e à utilização dos espaços públicos, debatendo com as autoridades a integração da sociedade nas decisões das políticas públicas.
VI. **Segurança nos deslocamentos das pessoas** – se refere à segurança dos cidadãos nos deslocamentos, evitando ao máximo colocar as pessoas em risco.
VII. **Justa distribuição dos benefícios e ônus decorrentes do uso dos diferentes modos e serviços** – o sistema viário deve ser utilizado por todos igualitariamente, não priorizando alguns em detrimento de outros.

VIII. **Equidade no uso do espaço público de circulação, vias e logradouros** – igualdade no uso dos espaços públicos, pois todos têm o mesmo direito de utilizá-los.
IX. **Eficiência, eficácia e efetividade na circulação urbana** – busca de estratégias para que a circulação urbana funcione de maneira racional, em que todos os meios de transporte funcionem em conjunto, sempre tomando iniciativas para que os espaços públicos sejam utilizados de melhor forma possível.

Fonte: Elaborado com base em Brasil, 2012a.

Os princípios expostos no quadro anterior são importantes para adequarmos o trânsito ao dia a dia do cidadão, de forma que não causem impactos na vida dos cidadãos, possibilitando a mobilidade, acessibilidade e a convivência dos usuários de forma pacífica.

Esses princípios devem ser observados no sentido de zelar e preservar os espaços públicos, de forma que os meios de transportes públicos sejam utilizados de forma sustentável, reduzindo o tempo de deslocamento e os danos ao meio ambiente (poluição/energia limpa).

Ainda é importante observarmos os princípios dispostos no art. 6º da Lei n. 12.587/2012, mostrados a seguir.

I. integração com a política de desenvolvimento urbano e respectivas políticas setoriais de habitação, saneamento básico, planejamento e gestão do uso do solo no âmbito dos entes federativos;

II. prioridade dos modos de transportes não motorizados sobre os motorizados e dos serviços de transporte público coletivo sobre o transporte individual motorizado;
III. integração entre os modos e serviços de transporte urbano;
IV. mitigação dos custos ambientais, sociais e econômicos dos deslocamentos de pessoas e cargas na cidade;
V. incentivo ao desenvolvimento científico-tecnológico e ao uso de energias renováveis e menos poluentes;
VI. integração entre as cidades gêmeas localizadas na faixa de fronteira com outros países sobre a linha divisória internacional.

Fonte: Brasil, 2012a.

Os princípios expostos anteriormente levam em conta a prioridade dos pedestres em relação aos outros usuários dos espaços públicos, ou seja, a circulação dos pedestres prevalece em relação a motoristas, ciclistas e motociclistas.

Nesse sentido, o art. 7.º da Lei n. 12.587/2012 estabelece os objetivos gerais da PNMU. Observe a seguir.

I. reduzir as desigualdades e promover a inclusão social;
II. promover o acesso aos serviços básicos e equipamentos sociais;
III. proporcionar melhoria nas condições urbanas da população no que se refere à acessibilidade e à mobilidade;

IV. promover o desenvolvimento sustentável com a mitigação dos custos ambientais e socioeconômicos dos deslocamentos de pessoas e cargas nas cidades; e
V. consolidar a gestão democrática como instrumento e garantia da construção contínua do aprimoramento da mobilidade urbana.

Fonte: Brasil, 2012a.

Observamos, assim, que a lei preserva o direito ao uso coletivo e democrático dos espaços públicos e do sistema viário, orientando a criação de políticas públicas que levem a organizar e facilitar a circulação dos veículos e pedestres, o estacionamento dos veículos e, principalmente, priorizar o pedestre em relação aos outros tipos de usuários.

Vimos anteriormente alguns exemplos da priorização do pedestre em relação aos outros usuários do trânsito nas cidades, como: retirada dos veículos do centro da cidade; implementação de vias lentas; rodízios dos veículos mediante os números das placas; campanhas de incentivo ao uso de bicicletas; construção de ciclovias; uso coletivo de veículos (caronas) e de transporte públicos etc.

Sendo assim, a PNMU possibilita ao cidadão exercer a sua cidadania, objetivando a participação direta na formação de políticas públicas voltadas à boa utilização e a melhorias dos espaços públicos de circulação comum.

— 3.4 —
Sistema Nacional de Trânsito

Ao analisarmos o dia a dia do trânsito nas grandes cidades brasileiras, observamos que a quantidade de carros, caminhões e motocicletas é absurda. Muitas vezes, em uma mesma família há mais de um veículo automotor. Tal situação faz com que o trânsito nas cidades grandes se torne um verdadeiro caos, o que faz com que, tendo em vista o interesse público geral, o Estado necessite controlá-lo e adequá-lo.

Para isso, o Estado cria normas jurídicas para que as condutas dos cidadãos no trânsito sejam controladas, a fim de minimizar os possíveis danos que possam ocorrer.

Conforme observaremos, o objetivo do Estado é educar, prevenir e punir, tudo com o intuito principal de proteger as vidas no trânsito. Nesse contexto, as normas jurídicas são voltadas para motoristas, motociclistas, ciclistas e pedestres, a fim de para preservar a integridade física, moral e patrimonial dos cidadãos.

As normas de trânsito seguem os fundamentos e princípios da CRFB, das convenções internacionais sobre o tema, das resoluções, dos pareceres e das decisões dos órgãos que compõem o Sistema Nacional de Trânsito (SNT): o Conselho Nacional de Trânsito (Contran), os Conselhos Estaduais de Trânsito (Cetrans) e o Conselho de Trânsito do Distrito Federal (Contrandife), tudo em conformidade e respeitando o disposto no CTB.

O CTB trouxe a determinação de criação do SNT em seu art. 5º, dispondo sobre ele:

> Art. 5º. O Sistema Nacional de Trânsito é o conjunto de órgãos e entidades da União, dos Estados, do Distrito Federal e dos Municípios que tem por finalidade o exercício das atividades de planejamento, administração normatização, pesquisa, registro e licenciamento de veículos, formação, habilitação e reciclagem de condutores, educação, engenharia, operação do sistema viário, policiamento, fiscalização, julgamento de infrações e de recursos e aplicação de penalidades. (Brasil, 1997)

Assim, o SNT é responsável pelas questões administrativas e normativas do trânsito brasileiro, bem como pelas questões de educação de trânsito e por toda a organização do sistema de trânsito no Brasil, e tem como objetivos básicos o disposto no art. 6º do CTB, os quais vemos a seguir.

I. Estabelecer diretrizes da Política Nacional de Trânsito, com vistas à segurança, à fluidez, ao conforto, à defesa ambiental e à educação para o trânsito, e fiscalizar seu cumprimento;
II. Fixar, mediante normas e procedimentos, a padronização de critérios técnicos, financeiros e administrativos para a execução das atividades de trânsito;
III. estabelecer a sistemática de fluxos permanentes de informações entre os seus diversos órgãos e entidades, a fim de facilitar o processo decisório e a integração do Sistema.

Fonte: Brasil, 1997.

Os órgãos de trânsito são de competência do Poder Executivo, sendo exercidas outras funções pelo Poder Legislativo e pelos órgãos normativos.

O art. 7º do CTB traz a composição do SNT. Para facilitar o entendimento, observe:

I. o Conselho Nacional de Trânsito – CONTRAN, coordenador do Sistema e órgão máximo normativo e consultivo;
II. os Conselhos Estaduais de Trânsito – CETRAN e o Conselho de Trânsito do Distrito Federal – CONTRANDIFE, órgãos normativos, consultivos e coordenadores;
III. os órgãos e entidades executivos de trânsito da União, dos Estados, do Distrito Federal e dos Municípios;
IV. os órgãos e entidades executivos rodoviários da União, dos Estados, do Distrito Federal e dos Municípios;
V. Polícia Rodoviária Federal;
VI. as Polícias Militares dos Estados e do Distrito Federal; e
VII. as Juntas Administrativas de Recursos de Infrações – JARI.

Fonte: Brasil, 1997.

As atividades normativas, executiva e julgadora compõem os órgãos do SNT. Em relação à atividade normativa (legislativa), esta é composta e desenvolvida pelos Conselhos de Trânsito.

O Contran desenvolve normas para complementar o CTB, as quais devem ser cumpridas como leis, criam obrigações para toda a sociedade. Dessa forma, as normas do Contran regulamentam o disposto no art. 5º da Constituição Federal (CF), obrigando o cidadão a cumprir o disposto na lei: "II – ninguém será obrigado a fazer ou deixar de fazer alguma coisa senão em virtude da lei" (Brasil, 1988).

Em relação às atividades executivas, estas são desempenhadas pelos órgãos executivos, estaduais e municipais e pelo Departamento Nacional de Trânsito (Denatran), que é o órgão executivo de trânsito federal. As atribuições do Poder Executivo estão dispostas nos arts. 19 a 24 do CTB.

Já em relação às atividades julgadoras, estas são exercidas em primeira instância pelas juntas administrativas e em segunda instância pelos Conselhos de Trânsito. É na segunda instância que se encerram os julgamentos relativos às infrações e penalidades aplicadas no trânsito. No quadro a seguir, podemos ver a composição das juntas julgadoras.

Quadro 3.6 – Composição das juntas julgadoras

Estados	Distrito Federal	Nacional
Cetrans	Contradife	Contran

O interessante é que os poderes das juntas julgadoras não são independentes como os poderes Legislativo, Executivo e Judiciário, conforme o que está estabelecido no art. 2º da Constituição da República Federativa do Brasil.

Na administração do trânsito, o Poder Executivo atua como responsável pela atividade fim das três esferas do poder. O Denatran é o órgão que concentra as atividades de todos os poderes, ou seja, a repartição de competência é diferente dos demais setores do Estado.

Tal situação é evidenciada pelo fato de que o diretor do Denatran acumula o cargo das três esferas de poder: administra o órgão **executivo** máximo de trânsito da União; na esfera **legislativa** (art. 10 do CTB), preside o Contran; e ainda age como órgão **julgador** nos casos do art. 289, inciso I, a do CTB.

Os Sistemas Executivo e Legislativo estão vinculados ao Ministério das Cidades. Segue o gráfico esquematizado das esferas do SNT.

Quadro 3.7 – Esferas do SNT

Esferas	Executivo	Legislativo	Judiciário
Federal	Denatran DPRF (JARI) DNIT (JARI)	Contran	STF – Supremo Tribunal Federal
Estadual	Detran (Jari) DER (Jari) PM	Cetran	TJ – Tribunais de Justiça Varas de delitos de trânsito
Municipal	O.E.T.M (Órgão Executivo de Trânsito Municipal)	Conselho Municipal de Trânsito e/ou Conselho Municipal de Segurança	
Distrito Federal	PM	Contradife	

— 3.4.1 —
Órgãos pertencentes ao Sistema Nacional de Trânsito

Agora, vamos conhecer cada um dos órgãos do SNT e quais são suas funções, responsabilidades e competências. Para tanto, utilizaremos os quadros explicativos a seguir para facilitar o seu estudo.

O primeiro que vamos estudar é o **Contran**, órgão que tem competência normativa e consultiva, conforme dispõe o art. 7º, I do CTB. Veja o quadro explicativo a seguir.

Quadro 3.8 – Conselho Nacional de Trânsito (Contran)

Contran - Sede: Distrito Federal		
Função	**Responsabilidades**	**Recurso de multas**
É o órgão máximo no Sistema Nacional de Trânsito (SNT). É responsável por regulamentar o CTB e pela elaboração das resoluções.	É quem define as Câmaras Temáticas – grupos de especialistas que debatem sobre o trânsito, momento em que sugerem mudanças por meio de novas resoluções, atualizando, sempre que necessário, o CTB. Estabelece as diretrizes dos Cetrans, do Contradife e das Jaris.	É responsável por analisar os recursos de multas aplicadas por órgão federal em 2ª instância.

O próximo órgão de Trânsito é o **Cetran**. Disposto no art. 7º do CTB, na primeira parte do inciso II, tem competência de órgãos normativos, consultivos e de coordenação do trânsito nos estados. Veja a seguir o quadro explicativo.

Quadro 3.9 – Conselho Estadual de Trânsito (Cetran)

Cetran – Sede: cada estado tem o seu		
Função	**Responsabilidades**	**Recursos de multas**
É o órgão normativo, consultivo e coordenador responsável por cumprir e fazer cumprir a normatização de Trânsito no âmbito Estadual. É composto por representantes municipais e da sociedade civil.	A maior responsabilidade é julgar os recursos de defesa em segunda instância.	Julga os recursos em segunda instância de multas aplicadas por órgão estadual ou municipal.

A seguir conheceremos a função do **Contradife**. Esse órgão tem a função de órgãos normativos, consultivos e coordenadores e está disposto no art. 7º, na segunda parte do inciso II. Veja o quadro a seguir.

Quadro 3.10 – Conselho de Trânsito do Distrito Federal (Contradife)

Contrandife – Sede: Distrito Federal – DF		
Função	**Responsabilidade**	**Recursos de multas**
É o órgão normativo, consultivo e coordenador responsável por cumprir e fazer cumprir a normatização de trânsito em âmbito Estadual. É o Cetran do Distrito Federal.	A maior responsabilidade é julgar os recursos de defesa em segunda instância.	Julga os recursos de defesa em segunda instância das infrações cometidas no Distrito Federal.

O próximo órgão é o **Denatran**. Trata-se do órgão máximo do SNT. Veja o quadro a seguir.

Quadro 3.11 – Departamento Nacional de Trânsito (Denatran)

Denatran – Sede: Brasília	
Função	**Responsabilidade**
Órgão máximo do SNT. Tem autonomia administrativa e técnica e comanda todo o território brasileiro. Tem como principal função fiscalizar e fazer cumprir a legislação de trânsito.	Supervisiona os órgãos estaduais. É responsável por apresentar as diretrizes para a campanha nacional de trânsito. É responsável pelos registros da Carteira Nacional de Habilitação (CNH) e pelo Registro Nacional de Veículos Automotores (Renavam).

O próximo quadro trata do **DNIT**, sua função e sua responsabilidade no SNT.

Quadro 3.12 – Departamento Nacional de Infraestrutura de Trânsito (DNIT)

DNIT – Sede: Estados e Distrito Federal	
Função	**Responsabilidade**
Tem a função de fiscalizar, patrulhar e policiar as rodovias federais.	Tem a responsabilidade de aplicar multas, fazer atendimentos em caso de acidentes de trânsito, fazer escoltas de cargas caso o serviço seja solicitado.

Por sua vez, o **Detran** tem como função principal exigir e impor as leis de trânsito nos estados brasileiros. Veja o quadro explicativo na sequência.

Quadro 3.13 – Departamento Estadual de Trânsito (Detran)

Detran – Sede: Estados e Distrito Federal	
Função	**Responsabilidades**
Tem a função de exigir e impor as leis de trânsito em âmbito estadual e municipal, além de planejar e controlar os documentos dos condutores e dos veículos.	É responsável pela formação de condutores, pela emissão da CNH e da licença para Aprendizagem de Direção Veicular (LADV).

(continua)

(Quadro 3.13 – conclusão)

Detran – Sede: Estados e Distrito Federal	
Função	**Responsabilidades**
	É responsável por avaliar a capacidade física e psicológica dos motoristas no momento da obtenção, na renovação e reciclagem da CNH. É responsável por fazer o credenciamento dos despachantes de trânsito. É responsável pela emissão de 2ª via de documentos relacionados ao motorista e aos veículos, entre eles a transferência dos veículos, licenciamento anual, vistoria veicular, defesa de multas, consultas de processo de suspensão da CNH etc. É o local onde o motorista pode verificar a pontuação das multas.

Além desses órgãos que foram destacados, há ainda os órgãos de nível regional, apresentados na sequência:

- **Circunscrição Regional de Trânsito (Ciretran)** – É como se fosse o Detran dos municípios mais distantes, tendo, então, a mesma função desse órgão, só que em cidades do interior, distantes das cidades onde ele esteja. A função e as responsabilidades do Ciretran são as mesmas do Detran, ou seja, tudo o que o cidadão faz em um pode fazer no outro.

- **Departamento de Estradas de Rodagem (DER)** – É o órgão responsável por administrar e cuidar do sistema rodoviário estadual, bem como pela integração das estradas estaduais e municipais. Os agentes do DER têm o poder de autuar motoristas que cometam infração de trânsito nas rodovias estaduais.
- **Departamento Municipal de Trânsito** – É responsável pela administração, fiscalização e sinalização do trânsito nas cidades, bem como pela aplicação de multas de competência do município, como rodízio de carro, travessia de pedestre, velocidade etc. Na maioria das vezes, tem outras denominações. Por exemplo: em São Paulo e no Rio de Janeiro é chamado de Companhia de Engenharia de Tráfego (CET); em Curitiba é conhecido como Secretaria Municipal de Trânsito (Setran) etc.
- **Junta Administrativa de Recursos de Infração (Jari)** – É responsável por analisar o primeiro recurso das infrações de trânsito. O motorista, após ser multado, envia para o Jari um recurso de defesa referente à infração. Esse órgão analisa o mérito do recurso apresentado e, caso o recurso seja julgado procedente, a multa é revogada e o motorista autuado não sofrerá nenhuma penalidade; no entanto, caso o recurso não seja aceito, o condutor terá a chance de impetrar mais um recurso em segunda instância perante Cetran. As multas expedidas pelo DNIT, pela PRF, pelos Detrans, pelos Ciretrans,

pelos DERs e pelos Departamentos Municipais de Trânsito são passíveis de recurso perante o Jari competente.

- **Polícia Rodoviária Federal (PRF)** – Tem como competência realizar o patrulhamento ostensivo nas rodovias federais, executando operações para assegurar a segurança pública, a ordem pública, a proteção dos cidadãos, o patrimônio da União e o patrimônio de terceiros. A PRF é referência no combate ao tráfico de drogas, ao contrabando e ao descaminho nas rodovias federais, principalmente nas fronteiras brasileiras. Também tem a função de aplicar e arrecadar as multas aplicadas por infrações de trânsito nas rodovias federais, além de administrar as medidas administrativas referentes a valores de remoção e estadia dos veículos apreendidos.

  Quando solicitada, tem a função de fazer a escolta de veículos de cargas especiais. Responsabiliza-se também pelo levantamento dos locais de acidentes de trânsito nas rodovias federais, além de trabalhar no atendimento, socorro e salvamento das vítimas.

  Como prevenção, a PRF ainda tem como competência a fiscalização do "nível de emissão de poluentes e ruídos produzidos pelos veículos automotores" (Brasil, 1997), verificando as cargas na busca de minimizar os danos ao meio ambiente. Muitas das operações são realizadas em conjunto com órgãos de proteção ambiental. Também tem a função de garantir a livre circulação nas rodovias federais e zelar pela segurança das estradas federais, fiscalizando construções à beira da estrada que atrapalhem a segurança e a circulação da rodovia e solicitando, se necessário, interdição de obras e construções irregulares.

A PRF tem um setor responsável para realizar e fazer pesquisas, coletando dados estatísticos sobre os acidentes de trânsito nas rodovias federais, os quais servem de referência aos órgãos federais do SNT, a fim de que sejam tomadas providências quanto à redução e à reeducação dos condutores e pedestres nessas rodovias. Cumpre com as medidas da Política Nacional de Segurança e Educação de Trânsito, promovendo projetos de educação e segurança no trânsito de acordo com as diretrizes do Contran. O objetivo principal é a busca pela preservação da vida e a redução dos acidentes nas rodovias federais.

- **Polícia Militar dos Estados e Distrito Federal** - Conforme o art. 7º, inciso VI, do CTB, fazem parte do SNT. A função da Polícia Militar é fiscalizar o trânsito em conformidade com o convênio firmado com os órgãos executivos rodoviários dos estados e municípios. Os órgãos executivos são responsáveis pelas penalidades e medidas administrativas relativas às infrações aplicadas pelos policiais militares.

— 3.5 —
Trânsito viário: resoluções, pareceres e afins

Conforme vimos no tópico, anterior, os órgãos do SNT são responsáveis pelas resoluções e pareceres relacionados ao trânsito brasileiro. Neste tópico, veremos, então, as resoluções, os pareceres e afins dos órgãos de trânsito.

O art. 12 do CTB, como vimos, trata das competências do Contran, o principal órgão do SNT. A lista de competências desse órgão é grande, e a maioria das atribuições são cumpridas por meio de **resoluções**.

As resoluções, em especial, têm o condão de estabelecer o funcionamento e a aplicabilidade do CTB.

Para saber o que é uma resolução, é importante analisar o art. 5° de uma própria resolução: a Resolução n. 446, de 25 de junho de 2013, do Contran, ela diz que diz: "Art. 5° O CONTRAN manifesta-se por um dos seguintes instrumentos: [...] IV - Resolução: ato normativo, destinado a regulamentar dispositivo do CTB, de competência do Conselho" (Brasil, 2013b)

Dessa forma, a própria resolução preceitua o **conceito de resolução**: é um ato normativo que regulamenta os dispositivos do CTB. Em outras palavras, a resolução é uma norma que regulamenta os procedimentos do CTB.

As resoluções foram criadas a partir da homologação do CTB, em 26 de janeiro de 1998. Elas são enumeradas em ordem crescente e, ao longo dos anos, algumas delas perdem efeito e deixam de ter validade, enquanto outras são substituídas.

As resoluções servem para normatizar processos administrativos e outras normas técnicas (ex.: suspensão de direito de dirigir, obrigação de equipamento de segurança etc.). No quadro a seguir você conhecerá algumas resoluções do Contran.

Quadro 3.14 – Exemplos de resoluções do Contran[2]

Resolução n. 775, de 29 de março de 2019	Altera os modelos da Carteira Nacional de Habilitação – CNH, da Autorização para Conduzir Ciclomotor – ACC, do Certificado de Registro do Veículo – CRV e do Certificado de Registro e Licenciamento de Veículo – CRLV.
Resolução n. 772, de 1º de março de 2019	Revoga a Resolução CONTRAN n. 706, de 25 de outubro de 2017, que dispõe sobre a padronização dos procedimentos administrativos na lavratura de auto de infração, na expedição de notificação de autuação e de notificação de penalidades por infrações de responsabilidade de pedestres e de ciclistas, expressamente mencionadas no Código de Trânsito Brasileiro – CTB, e dá outras providências.
Resolução n. 765, de 31 de dezembro de 2018	Dispõe sobre a proteção aos ocupantes da cabine de veículos da categoria N2 e N3, nacionais e importados.
Resolução n. 752, de 31 de dezembro de 2018	Estabelece requisitos de proteção aos pedestres em casos de atropelamento.

(continua)

2 Estas e outras resoluções podem ser acessadas no *site* do Contran. Disponível em: <https://infraestrutura.gov.br/resolucoes-contran.html>. Acesso em: 5 out. 2020.

(Quadro 3.14 – conclusão)

Resolução n. 740, de 19 de setembro de 2018	Dispõe sobre as metas de redução dos índices de mortos por grupo de veículos e dos índices de mortos por grupo de habitantes para cada um dos Estados da Federação e para o Distrito Federal, de que trata a Lei n. 13.614, de 11 de janeiro de 2018, que criou o Plano Nacional de Redução de Mortes e Lesões no Trânsito (PNatrans).

Fonte: Elaborado com base em Brasil, 2020b.

Ao final, é importante salientar que todas as resoluções devem estar de acordo com o disposto no CTB, sob pena de ser considerada ilegal e perder a validade. O Contran não pode utilizar-se das resoluções para fazer lei, ou seja, não pode legislar, pois a lei já está pronta (CTB). Conforme o art. 5º da Resolução n. 446/2013, além das resoluções, o Contran se manifestará por meio de:

> I – **Indicação**: ato propositivo, subscrito pelo Presidente ou Conselheiro, contendo sugestão justificada de estudo sobre qualquer matéria de interesse.
>
> II – **Decisão**: Ato do Colegiado destinado a deferir ou indeferir requerimentos, ou aprovar formulações técnicas, jurídicas ou administrativas propostas ao CONTRAN, bem como o ato do presidente ao andamento dos trabalhos.
>
> III – **Parecer**: ato pelo qual o Conselho pronuncia-se sobre matéria de sua competência.
>
> [...]
>
> V – **Deliberação**: ato normativo, editado pelo Presidente do CONTRAN, necessitando do referendo do Conselho, em caso de urgência e relevante interesse público. (Brasil, 2013b, grifo nosso)

O art. 14, inciso II, do CTB dispõe que os Cetrans e o Contrandife também têm a função de criar normas por meio de resoluções nas suas respectivas competências.

O Contran e os Conselhos Estaduais ainda podem se manifestar por meio de pareceres, momento em que se declaram sobre matéria de suas competências.

— 3.6 —
Trânsito viário: convenções internacionais

A globalização mundial, o aumento de pessoas, animais e veículos nos diferentes territórios fizeram com que, desde o começo do século XX, houvesse a necessidade de criar normas internacionais para o trânsito viário. Tais normas visam criar regras de permissão para que pessoas habilitadas em seu país possam vir a utilizar a mesma habilitação em outros países.

O trânsito viário é composto por convenções internacionais. Ao longo dos tempos, o Brasil pactuou permissões por meio de convenções (tratados) internacionais. Veremos, assim, neste tópico, as convenções internacionais de trânsito viário das quais o Brasil faz parte.

Em 1909, foi aprovada por 16 países a primeira "Convenção Internacional para Circulação de Automóveis", na qual restou estabelecida normas de circulação internacional, sendo criado naquele momento um documento chamado *Certificado*

Internacional para Dirigir. Ao longo dos anos, foram criadas outras convenções internacionais, como as que seguem:

- Tratados de Paris, em 1926;
- Convenção Interamericana de Washington, em 1943;
- Conferência de Genebra, em 1949;
- Convenção sobre Trânsito Viário de Viena (CTVV), em 1968;
- Regulamentação Básica Unificada de Trânsito para o Mercosul.

Os Tratados de Paris foram revogados pela Conferência de Genebra, em 1949. Em relação à Convenção Interamericana de Washington, ela foi utilizada para garantir a circulação do tráfego entre os estados americanos e garantir a regulamentação do tráfego internacional. Tinha como propósito garantir a circulação de veículos em todo o continente americano.

O Brasil assinou a CTVV em 1968, aderindo à convenção pelo Decreto n. 86.714, de 10 dezembro de 1981 (Brasil, 1981). É importante observar que as convenções internacionais não têm poder de obrigatoriedade, são apenas convenções que atendem o âmbito das relações exteriores. Caso um país deixe de cumprir tal acordo, ele terá apenas consequências no âmbito político e moral.

O CTVV em seu art. 1, b, rege:

> b) considera-se que o veículo está em circulação internacional em território de um Estado quando:
>
> I – pertence a uma pessoa física ou jurídica que tem sua residência normal fora desse Estado;

> II – não se acha registrado nesse Estado; e
>
> III – foi temporariamente importado para esse Estado; ficando, todavia, livre toda a Parte Contratante para negar-se a considerar como em circulação internacional todo o veículo que tenha permanecido em seu território durante mais de um ano sem interrupção relevante, e cuja duração pode ser fixada por essa Parte Contratante. (Brasil, 1981)

Já o art. 3° trata sobre as obrigações dos Estados em relação à circulação de automotores e reboques, desde que atendam as condições definidas no Capítulo II da CTVV.

Em relação ao trânsito viário no Mercosul (Mercado Comum do Sul), o Brasil firmou a Regulamentação Básica Unificada de Trânsito com a Argentina, a Bolívia, o Chile, o Paraguai, o Peru e o Uruguai, pelo decreto de 3 de agosto de 1993. Essa convenção é bem parecida com o CTVV no que se refere à documentação, placas e registro dos veículos (art. V). A CNH tem a validade em qualquer dos países pertencentes à convenção, não esquecendo que existem algumas regras específicas de circulação no Mercosul, entre elas as que constam nas seguintes resoluções do Contran:

- 238/2007 – Certificado de Apólice Única de Seguro de Responsabilidade Civil.
- 247/2007 – Certificado de inspeção veicular do Mercosul.
- 317/2009 – Dispositivos retrorrefletivos de segurança.
- 318/2009 – Limites de pesos e dimensões para a circulação internacional.

É importante lembrar, porém, que, mesmo com o direito do livre trânsito no Mercosul, a importação de veículos estrangeiros não caracteriza simples circulação temporária de veículos de turistas, razão por que é alvo de legislação tributária e normas da Receita Federal.

Dessa forma, um veículo não pode ficar por um período longo no país com placas de outro país, podendo ser considerado veículo importado, ficando sujeito às penalidades e à fiscalização da Receita Federal.

Ainda, os motoristas que têm intenção em transitar em outros países do Mercosul devem ficar atentos às disposições legais dos países em relação às normas do trânsito, principalmente no que se refere às autorizações e às ferramentas de segurança: triângulo, chaves de fenda, primeiros socorros, cintos de segurança etc.

— 3.7 — Identificação e regularização dos veículos automotores

Os veículos automotores são individualizados, pois desde a fabricação a legislação determina que eles tenham identificação diferente um do outro. Os fabricantes individualizam a identificação por meio da numeração **VIN** (que será tratada mais adiante); já a identificação externa do veículo é realizada mediante a colocação de placas. As etiquetas de capacidade têm por finalidade permitir que os usuários saibam a quantidade de carga permitida, além de facilitar a fiscalização. Os veículos ainda podem ser identificados pelas faixas externas.

A Associação Brasileira de Normas Técnicas (ABNT), por meio da NBR 6066/1980 – reeditada pela ABNT 6066/2009, seguindo as normas internacionais, determinou o padrão único de identificação dos veículos automotores produzidos em solo brasileiro. A identificação é composta por 17 números, chamada **VIN** (*Vehicle Identification Number*, em português, Número de Identificação do Veículo). Essa numeração é gravada, de preferência, na metade dianteira do chassi do veículo. O VIN é composto conforme consta no quadro a seguir.

Quadro 3.15 – Número de Identificação do Veículo (VIN)

VIN - Número de identificação do veículo	
1 | 2 | 3 | 4 | 5 | 6 | 7 | 8 | 9 | 10 | 11 | 12 | 13 | 14 | 15 | 16 | 17	
Os 3 primeiros números	Correspondem aos identificadores internacionais do fabricante (WMI – *Word Manufacturer Identifier*).
Do 4º ao 9º número	Corresponde ao VDS (*Vehicle Descritor Section*, em português, *Seção Descritiva do Veículo*) estabelecido pelo fabricante. Descreve as características e informações gerais do veículo.
Do 10º ao 17º número	Compõe o VIS (*Vehicle Indicator Section*, em português, Seção Indicadora do Veículo). Esses números correspondem à identificação do veículo.

Fonte: Elaborado com base em Macedo; Mendes, 2019.

Nos veículos automotores, o fabricante é obrigado a colocar a identificação no chassi ou no monobloco em pelo menos um lugar; nos reboques e semirreboques devem ser colocados em dois lugares.

É importante salientar que os veículos importados ou produzidos a partir de 1º de janeiro de 1999, para obter o registro e o licenciamento, devem ter o VIN.

Veículos de competições, protótipos, veículos operacionais das forças armadas, que, em regra, não transitam em vias públicas, não necessitam do VIS.

Em relação aos tratores, as normas de identificações estão descritas no art. 6º da Resolução n. 587/2016 do Contran.

A NBR 6066/2009 determina que a numeração do VIS venha gravada na profundidade de 0,2 mm, em chapas, plaquetas (soldada ou rebitadas) e etiquetas autocolantes, devendo, quando removidas, serem destrutíveis. Essas etiquetas podem vir afixadas:

- na coluna da porta dianteira lateral direita;
- no compartimento onde fica o motor;
- em pelo menos um dos para-brisas e um dos vidros traseiros (quando existirem);
- pelo menos em um dos vidros de cada lado do veículo, menos nos quebra-ventos, quando existirem.

Em caso de necessidade de regravação do VIN e do VIS, é necessário autorização da autoridade de trânsito competente, mediante comprovação de propriedade – Certificado de Registro de Veículos (CRV) e Certificado de Registro e Licenciamento do Veículo (CRLV). As gravações serão realizadas apenas por empresas cadastradas pelo órgão de trânsito do estado e ou Distrito Federal. Para regravação do VIS nos vidros não necessita autorização. Existem ainda outras formas de identificações de veículos:

- Identificação de Veículos de Fabricação artesanal – Resolução Contran n. 699/2017.
- Identificação de Veículos de Representação Diplomática – Resoluções Contran n. 332/2009; n. 286/2008; e n. 24/1998.

Outra forma de identificação dos veículos automotores são as placas externas, conforme já vimos anteriormente. O modelo de placa no Brasil foi recentemente trocado, buscando maior segurança e integração ao Mercosul. O emplacamento ocorre com o primeiro registro do veículo e serve, como vimos, para individualizar o veículo. A identificação externa do veículo se dá por meio das placas dianteira e traseira, as quais devem estar devidamente lacradas à estrutura do veículo, com lacres que apresentem características de inviolabilidade e marca do órgão de trânsito competente.

Os caracteres das placas são únicos para cada veículo e o acompanharão até a sua baixa. A Lei n. 13.281/2016, que incluiu o parágrafo 9º no art. 115 do CTB, dispensou a utilização de lacres nas placas que contenham dispositivos tecnológicos que possibilitem a identificação.

Os veículos bélicos são os únicos isentos de placas (art. 115, § 5º, CTB), registro (art. 120, § 2º, CTB) e licenciamento (art. 130, § 1º, CTB).

Ainda é importante acrescentar que, em caso de dispositivo de engate, reboques, suporte de bicicletas etc. que venham encobrir total ou parcialmente a placa traseira, será necessária a utilização de uma segunda placa, conforme dispõe a Resolução n. 231/2007 do Contran.

O **Certificado de Registro e Licenciamento do Veículo** (CRLV) se é a forma legal de qualificar o proprietário do veículo perante os órgãos executivos de trânsito. Tal registro permite que os órgãos de trânsito fiscalizem as possíveis infrações de trânsito e penais praticadas pelos condutores.

Conforme vimos anteriormente, os veículos possuem uma placa, a qual contém caracteres que identificam o proprietário do veículo, pois estão relacionados aos dados constantes no sistema de dados do Detran.

O **Certificado de Registro de Veículo** (CRV) é o documento que identifica o proprietário do veículo. Ele possui caráter de permanência e contém: o nome do proprietário, o município da residência, a categoria a qual pertence e as características do veículo. Esse documento só é modificado com a transferência da propriedade.

Já o **documento de licenciamento** se refere à licença anual expedida pelo Detran. Tem como finalidade a permissão para que o veículo transite nas vias públicas pelo período de 12 meses, conforme datas firmadas em resoluções do Contran e em portarias do Detran. O documento é preenchido com todos os dados constantes no registro, facilitando a fiscalização. As renovações dos licenciamentos se dão da forma prevista na Resolução n. 110, de 24 de fevereiro de 2000, do Contran, que dispõe:

- Placas com finais 1 e 2 = Até setembro de cada ano.
- Placas com finais 3,4 e 5 = Até outubro de cada ano.
- Placas com finais 6,7 e 8 = Até novembro de cada ano.
- Placas com finais 9 e 0 = Até dezembro de cada ano.

Conforme determina o art. 131, parágrafo 1º, do CTB, o licenciamento é realizado simultaneamente ao primeiro registro. Já o art. 130 determina que o licenciamento do veículo deve ser realizado no local onde estiver registrado - por exemplo: se o veículo foi registrado em Curitiba/PR, o órgão responsável pelo licenciamento é o Detran de Curitiba/PR.

É importante salientar que o CTB condiciona o licenciamento do veículo à quitação dos débitos referentes a multas. No entanto, a Súmula n. 127, de 14 de março de 1995, do Superior Tribunal de Justiça (STJ) diz: "É ilegal condicionar a renovação da licença de veículo ao pagamento de multa, da qual o infrator não foi notificado". Entende-se que o correto seria a Administração Pública, após a devida inscrição dos débitos em dívida ativa não tributária, seguir o caminho da ação de cobrança cível.

— 3.7.1 —
As placas Mercosul

O novo modelo de placa Mercosul passou a ser obrigatório em todo o Brasil a partir do dia 31 de janeiro de 2020, conforme a Resolução n. 780, de 26 de junho de 2019, do Contran. O novo padrão de placa substitui a antiga placa cinza, mas há algumas regras para a substituição. Os principais motivos para troca das placas são as dispostas no art. 21 da Resolução n. 780/2019:

- primeiro emplacamento;
- troca de munícipio e/ou estado;

- se as placas forem perfuradas e/ou danificadas;
- se o veículo mudar de categoria;
- mudança de proprietário;
- roubo, furto da placa.

Ou seja, se o veículo for novo, automaticamente a placa a ser colocada será a placa Mercosul.

A troca da placa também será necessária quando o proprietário mudar para outro município e/ou Estado.

Quando a placa, por algum motivo, se deteriorar ou perfurar, quebrar, enferrujar, romper o lacre etc., será necessário a troca por uma do padrão Mercosul.

A troca será obrigatória ainda nos casos em que houver a mudança de categoria do carro, por exemplo, quando o carro particular virar um carro de aluguel, um carro oficial virar particular etc.

No entanto, nada impede que uma pessoa, de livre e espontânea vontade (voluntariamente), vá até o Detran (ou órgão similar) e faça o pedido para substituição da placa Mercosul. Nesse caso, o número continua sendo o mesmo, apenas haverá a substituição automática do segundo caractere numérico do modelo anterior por uma letra. A letra será substituída da seguinte forma: 0 = A; 1 = B; 2 = C; 3 = D; 4 = E; 5 = F; 6 = G; 7 = H; 8 = I (art. 2º, § 3, Resolução n. 780/2019).

Os locais credenciados para a colocação das placas Mercosul são informados pelos Detrans e/ou órgãos competentes em seus *sites*. As placas são vendidas pelas estampadoras diretamente aos consumidores. É importante saber que não existe tabelamento de preço, devendo o consumidor fazer cotações para verificar o local onde o preço é mais acessível.

Em alguns estados, existe um teto de valores - por exemplo, em São Paulo o teto é de R$ 138,24 (cento e trinta e oito reais e vinte e quatro centavos); já em outros estados a colocação da placa pode chegar a R$ 500,00 (quinhentos reais) (Fontana; Miotto; Paixão, 2020).

A placa é composta por um QR *code*, que pode ser lido por câmeras de *smartphones*. Ali contém as informações adicionais do veículo, sendo possível realizar o rastreamento.

Assim, as autoridades, ao se depararem com o veículo, podem acessar instantaneamente os dados deste e verificar se há algum tipo de clonagem, por exemplo. Fazendo o cadastro no aplicativo Mercosul, os proprietários poderão ter acesso à leitura do QR *code*. É importante salientar que há grande discussão em relação às mudanças das placas, no sentido de saber se proporcionaram maior segurança ou não.

Desde o projeto inicial, anunciado a 9 anos, houve muitas alterações em relação ao modelo apresentado inicialmente. O governo diz que a placa ora utilizada é segura e que as alterações realizadas foram no sentido de baratear o custo das placas, não alterando a segurança. Veja na figura a seguir como ficou a nova placa.

Figura 3.1 – Placa Mercosul

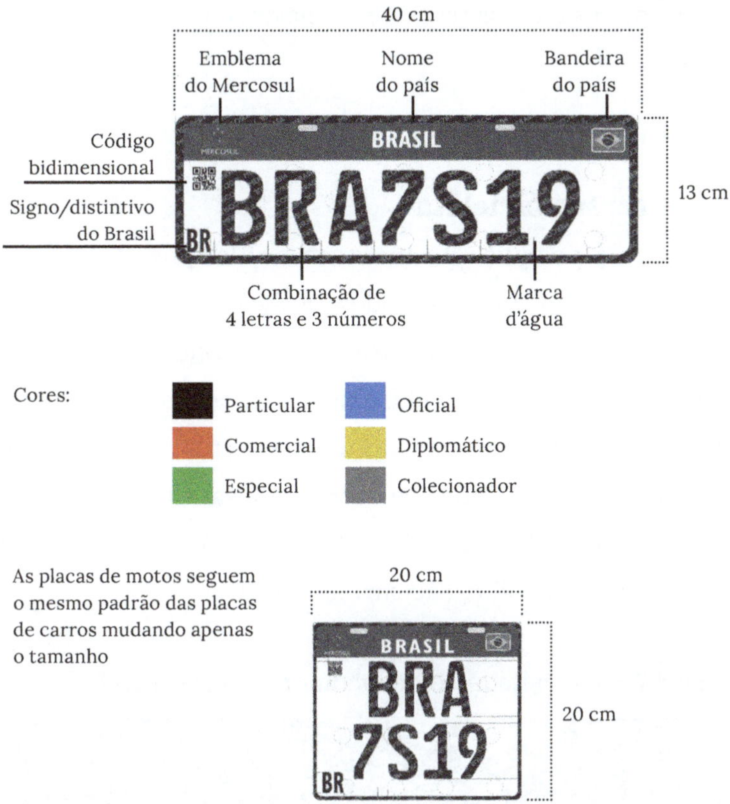

Fonte: Brasil, 2019g.

É importante ressaltar que o modelo escolhido pelo Brasil é diferente dos modelos utilizados por Argentina, Uruguai e Paraguai. Isso ocorre porque existem certas diferenças nas placas Mercosul: algumas têm holograma, outras têm ondas de sinusoidais, efeitos difrativos etc.

Como sabemos, houve grandes mudanças na nova placa. Só o futuro nos dirá ela traz ou não maior segurança em relação à antiga.

Curiosidade

Carros *versus* bicicleta

A sinopse da pesquisa do Instituto de Pesquisa Econômica Aplicada (Ipea), intitulada "Cidades Cicláveis: Avanços e Desafios da Políticas Cicloviárias no Brasil", de 2017, conduzida pelos pesquisadores Osmar Coelho Filho e Nilo Luiz Saccaro Junior, afirma que "o Brasil tem mais bicicletas do que carros. São 50 milhões de bikes contra 41 milhões de carros. Apesar disso, apenas 7% dos brasileiros utilizam a bicicleta como meio de transporte principal" (Coelho Filho; Saccaro Junior, 2017).

Figura 3.2 – Bicicleta meio de locomoção sustentável

Alf Ribeiro/Shutterstock.com

Capítulo 4

Legislação de trânsito

Conforme já vimos anteriormente, pedestres, ciclistas, motociclistas e motoristas são usuários do trânsito. Todos, então, têm direitos e obrigações na hora de utilizarem os espaços públicos em comum.

Alguns desses direitos e obrigações, como já verificamos em nossos estudos, estão estabelecidos no CTB, em especial nos arts. 68 a 71, 254 e 267, parágrafo 2º, no caso dos pedestres; arts. 59 e 255, no que se refere aos ciclistas; arts. 54, 55 e 244, inciso V, no caso de motociclistas; e arts. 54 e 55, no caso de ciclomotores.

Neste capítulo, vamos nos aprofundar no estudo do CTB, abordando os principais artigos de maneira esquematizada, facilitando esse estudo.

Faremos um breve estudo dos crimes no trânsito, analisando quais as espécies e as formas desse tipo de crime, a aplicabilidade da lei e a utilização do direito penal nesse sentido.

— 4.1 — Permissão para Dirigir: Carteira Nacional de Habilitação (CNH)

O Capítulo XIV, intitulado "Da habilitação", traz as condições para que o cidadão esteja apto a solicitar o direito de conduzir veículo automotor e elétrico. Nesse sentido, rege o art. 140:

> Art. 140 – A habilitação para conduzir veículo automotor e elétrico será apurada por meio de exames que deverão ser realizados junto ao órgão ou entidade executivas do Estado ou do Distrito Federal, do domicílio ou residência do candidato, ou na sede estadual, ou distrital do próprio órgão, devendo o condutor preencher os seguintes requisitos:
>
> I – ser penalmente imputável;
>
> II – saber ler e escrever;
>
> III – possuir Carteira de Identidade ou equivalente. (Brasil, 1997)

O inciso I afirma que o candidato deve ser imputável penalmente, ou seja, é imputável aquele que pode ser responsabilizado por possíveis crimes praticados. São inimputáveis os menores de 18 anos e as pessoas com problemas psíquicos (art. 228, Constituição Federal; art. 26 e 27, Código Penal).

O futuro condutor deverá fazer a sua inscrição para obtenção da CNH no município de seu domicílio.

Após preencher os requisitos básicos do art. 140 do CTB, para obtenção da CNH, os futuros condutores, serão obrigados a realizar um curso de formação de condutores de veículos automotores e ou elétricos – em autoescolas devidamente cadastradas e regularizadas no órgão estadual (Detran). A formação dos condutores de veículos automotores e elétricos e todos os procedimentos e normas (curso de formação, exames técnicos e médicos, expedição do documento de habilitação, curso de reciclagem) para obtenção da CNH são determinados pela resolução do Contran n. 168, de 14 de dezembro de 2004 (Brasil, 2004a), alterada posteriormente pelas Resoluções do Contran n. 169/2005, n. 222/2007, n. 285/2008 e n. 347/2010.

Nesse sentido, assim dispõe o art. 141 do CTB:

> Art. 141 - O processo de habilitação, as normas relativas à aprendizagem para conduzir veículos automotores e elétricos e à autorização para conduzir ciclomotores serão regulamentados pelo CONTRAN.
>
> § 1º A autorização para conduzir veículos de propulsão humana e de tração animal ficará a cargo dos Municípios. (Brasil, 1997)

Em outras palavras, no caso de carroças movidas por animais, catadores de lixo reciclável que empurram carrinhos manuais e automatizados etc., as normas devem ser determinadas pelos municípios.

O art. 143 do CTB, por sua vez, dispõe sobre as categorias da habilitação, as quais podem ser classificadas de A a E, na disposição apresentada no quadro a seguir.

Quadro 4.1 – Art. 143 do CTB

I - Categoria A	Condutor de veículo motorizado de duas ou três rodas, com ou sem carro lateral;
II - Categoria B	Condutor de veículo motorizado, não abrangido pela categoria A, cujo peso bruto não exceda a três mil e quinhentos quilogramas e cuja lotação não exceda a oito lugares, excluindo o do motorista;
III - Categoria C	Condutor de veículo motorizado utilizado em transporte de carga, cujo peso bruto total exceda a três mil e quinhentos quilogramas;
IV - Categoria D	Condutor de veículo motorizado utilizado no transporte de passageiros, cuja lotação exceda a oito lugares, excluído o do motorista;
V - Categoria E	Condutor de combinação de veículos em que a unidade tratora se enquadre nas categorias B, C ou D e cuja a unidade acoplada, reboque, semirreboque, trailer ou articulada tenha 6.000 kg (seis mil quilogramas) ou mais de peso bruto total, ou cuja a lotação exceda a 8 lugares.
§ 1º Para habilitar-se na categoria C, o condutor deverá estar habilitado no mínimo há um ano na categoria B e não ter cometido nenhuma infração grave ou gravíssima, ou ser reincidente em infrações médias, durante os últimos doze meses.	
§ 2º São os condutores da categoria B autorizados a conduzir veículo automotor da espécie motor-casa, definida nos termos do Anexo I deste Código, cujo peso não exceda a 6.000 kg (seis mil quilogramas), cuja lotação não exceda a 8 (oito) lugares, excluído o do motorista.	

Fonte: Elaborado com base em Brasil, 1997.

Conforme observamos no quadro anterior, o art. 143 dispõe sobre as categorias da CNH, é importante salientar que essas categorias estão relacionadas à capacidade de carga e de passageiros dos veículos automotores e ou elétricos, com uma única exceção, a CNH para condutores de transporte escolares, a qual obriga que o condutor seja habilitado na categoria "D". Tal obrigação está devidamente disposta no inciso III, do art. 138 do CTB.

É importante sabermos que as categorias de CNH superiores suprem as inferiores. Isso quer dizer que quem tem a CNH "E", além de poder dirigir a categoria a qual está habilitado pode também dirigir as categorias inferiores "B", "C", "D". Isso acontece com também com a categoria "D" (pode dirigir a "C e "B") e "C" (pode dirigir a "B"). Tal previsão está devidamente regulamentada no item 9 da Resolução n. 371/2010 (Manual Brasileiro de Fiscalização de Trânsito) e anexo I da Resolução n. 168/2004 do Conselho Nacional de Trânsito.

O art. 144 do CTB traz a regulamentação para condução de tratores, equipamentos automotores para movimentação de cargas e trabalhos agrícolas, terraplanagem, construção, pavimentação, os quais devem ser conduzidos em via pública apenas por condutor de categoria C, D ou E.

O parágrafo único do art. 144, dispõe que: "O trator de roda e os equipamentos automotores destinados a executar trabalhos agrícolas poderão ser conduzidos em via pública também por condutor habilitado na categoria B" (Brasil, 1997).

O art. 145 traz as disposições para a habilitação nas categorias D e E, devendo o condutor "ser maior de 21 anos" e estar habilitado na categoria B no mínimo dois anos e na categoria E no mínimo um ano. O inciso III ainda determina que o condutor não pode "ter cometido nenhuma infração grave ou gravíssima ou ser reincidente em infrações médias durante os últimos doze meses", bem como, de acordo com o inciso IV, deve "ser aprovado em curso especializado e em curso de treinamento de prática veicular em situação de risco, nos termos da normatização do CONTRAN" (Brasil, 1997).

No que se refere ao art. 145-A, o CTB rege que:

> Além do disposto no art. 145, para conduzir ambulâncias, o candidato deverá comprovar treinamento especializado e reciclagem em cursos específicos a cada 5 (cinco) anos, nos termos da normatização do CONTRAN. (Brasil, 1997)

É importante saber que todo "candidato à habilitação deverá submeter-se a exames realizados pelo órgão executivo de trânsito" (Brasil, 1997). Os exames são realizados conforme dispõe o art. 147 do CTB:

I. de aptidão física e mental – médicos e psicólogos determinados pelo órgão executivo;
II. escrito, sobre legislação de trânsito – nas dependências do órgão executivo;
III. de noções de primeiros socorros, conforme regulamentação do CONTRAN;
IV. De direção veicular – realizado na via pública, com o veículo da categoria a qual estiver habilitando-se;

§ 2° O exame de aptidão física e mental será preliminar e renovável a cada cinco anos, ou a cada três anos para condutores

com mais de sessenta e cinco anos de idade, no local de residência ou domicílio do examinado.
§ 3º O exame previsto no § 2º incluirá avaliação psicológica preliminar e complementar sempre que a ele se submeter o condutor que exerce atividade remunerada ao veículo, incluindo-se esta avaliação para os demais candidatos apenas no exame referente à primeira habilitação. (Redação dada pela Lei n. 10.350, de 2001)
§ 4º Quando houver indícios de deficiência física, mental, ou de progressividade de doença que possa diminuir a capacidade para conduzir o veículo, o prazo previsto no § 2º poderá ser diminuído por proposta do perito examinador.
§ 5º O condutor que exerce atividade remunerada ao veículo terá essa informação incluída na sua Carteira Nacional de Habilitação, conforme especificações do Conselho Nacional de Trânsito - Contran.

Fonte: Elaborado com base em Brasil, 1997.

Aos candidatos que apresentem deficiência auditiva "é assegurada acessibilidade de comunicação, mediante emprego de tecnologias assistivas ou de ajudas técnicas [intérprete Língua Brasileira de Sinais - Libras] em todas as etapas do processo de habilitação" (art. 147-A, CTB; Brasil, 1997).

A Resolução do Contran n. 168/2004 (e suas alterações) é que regulamentam a formação de condutores, dispondo sobre a obrigatoriedade dos exames de aptidão física e mental (psicológica), que são realizados por especialista privados e públicos credenciados, conforme dispõe a Resolução do Contran n. 267/2008.

Os cursos teórico e técnico têm carga horária de 45 horas, são aplicados pelos órgãos estaduais e do Distrito Federal, podem ser realizados por entidade privada ou pública credenciada, conforme disposições apresentadas na Resolução n. 168/2004. É nesse sentido que dispõe o art. 148 do CTB, que complementa:

> § 1º A formação de condutores deverá incluir, obrigatoriamente, curso de direção defensiva e de conceitos básicos de proteção ao meio ambiente relacionados com o trânsito.
>
> § 2º Ao candidato aprovado será conferida Permissão para Dirigir, com validade de um ano.
>
> § 3º A Carteira Nacional de Habilitação será conferida ao condutor no término de um ano, desde que o mesmo não tenha cometido nenhuma infração de natureza grave ou gravíssima ou seja reincidente em infração média.
>
> § 4º A não obtenção da Carteira Nacional de Habilitação, tendo em vista a incapacidade de atendimento do disposto no parágrafo anterior, obriga o candidato a reiniciar todo o processo de habilitação.

Caso o condutor reprove nos exames escritos, poderá realizar novos exames somente após 15 dias da divulgação do resultado (art. 151, CTB).

Já os arts. 148-A, 155 e 159 estabelecem que:

> Art. 148-A - Os condutores das categorias C, D e E deverão submeter-se a exames toxicológicos para a habilitação e renovação da Carteira Nacional de Habilitação.

> [...]
>
> Art. 155 – A formação dos condutores de veículo automotor e elétrico será realizada por instrutor autorizado pelo órgão executivo de trânsito dos Estados ou do Distrito Federal, pertencente ou não à entidade credenciada.
>
> [...]
>
> Art. 159 – A Carteira Nacional de Habilitação, expedida em modelo único e de acordo com as especificações do CONTRAN, atendidos os pré-requisitos estabelecidos neste Código, conterá fotografia, identificação e CPF do condutor, terá fé pública e equivalerá a documento de identidade em todo o território nacional. (Brasil, 1997)

O exame tratado no art. 148-A busca aferir se o candidato ou condutor utilizou substâncias psicoativas nos últimos 90 dias, garantindo o direito à contraprova em caso positivo. Nesse caso, haverá "a suspensão do direito de dirigir pelo período de 3 (três) meses condicionando o levantamento da suspensão ao resultado negativo em novo exame" (Brasil, 1997), não podendo ser aplicada nenhuma outra penalidade.

O art. 160, por sua vez, prevê que:

> Art. 160 – O condutor condenado por delito de trânsito deverá ser submetido a novos exames para que possa voltar a dirigir, de acordo com as normas estabelecidas pelo CONTRAN, independentemente do reconhecimento da prescrição, em face de pena concretizada na sentença. (Brasil, 1997)

O condutor, em caso de acidente grave, poderá ser submetido a exames exigidos para que possa voltar a dirigir, tendo o direito ao princípio da ampla defesa (art. 160, § 1º, CTB). O parágrafo 2º, por fim, diz que "a autoridade executiva estadual de trânsito poderá apreender o documento de habilitação do condutor até a sua aprovação nos exames realizados" (Brasil, 1997).

A Resolução do Contran n. 300/2008 regulamenta o processo administrativo para o cumprimento da obrigação estabelecida no art. 160 do CTB.

No entanto, esse artigo não especifica quais dos crimes de trânsito e passível de tal obrigação disposta no artigo. Apenas traz com certeza que tal obrigação deve ser imposta para aquele que for condenado criminalmente, garantindo ao cidadão o direito estabelecido no art. 5º, inciso LV da Constituição Federal (ampla defesa e contraditório).

Somente por zelo, é importante salientar que esse dispositivo legal pode ser tratado de forma contraditória pelo CTB, por isso a importância de estudar tal artigo com a cautela devida, levando em conta o que dispõe os arts. 263, inciso III – cassação do documento de habilitação daquele que é "condenado judicialmente por delito de trânsito" (Brasil, 1997) –, 292 e 293, os quais dispõem sobre penas de natureza criminal (suspensão de dirigir – ou proibição de se obter a habilitação) pelo prazo de dois meses a cinco anos, a ser aplicada de forma isolada ou cumulativa com outras sanções penais. Por último, é importante observar o que dispõe o art. 268, inciso IV, que diz respeito ao curso de reciclagem do condutor que é condenado judicialmente por delito de trânsito.

Ou seja, a dúvida que o legislador apresenta nos artigos citados faz com que não se tenha certeza de qual seja a punição efetiva ao condenado pela prática de crime de trânsito.

— 4.2 —

Infrações de trânsito

Conforme já verificamos anteriormente, em caso de não observação do disposto nos preceitos do CTB, da legislação complementar ou das resoluções do Conselho Nacional de Trânsito (Contran), ocorrerá uma infração de trânsito, e o infrator estará, conforme o art. 161 do CTB, sujeito a punições previstas no capítulo XV do Código. O art. 161, além de trazer o conceito de infração de trânsito, traz em seu parágrafo único que: "as infrações cometidas em relação às resoluções do CONTRAN terão suas penalidades e medidas administrativas definidas nas próprias resoluções" (Brasil, 1997).

Dessa forma, neste tópico iremos analisar os principais artigos do CTB que tratam das infrações de trânsito, visto que, no Código, existem algumas infrações que são cometidas com mais frequência.

Para facilitar o seu entendimento em relação às infrações de trânsito, preferimos trazer os artigos expostos em quadros explicativos. Iniciaremos nosso estudo com o art. 162 do CTB, apresentado no quadro a seguir.

Quadro 4.2 – Art. 162 do CTB

Art. 162. Dirigir veículo:			
Infração	**Tipo de infração**	**Medida administrativa**	**Pontos**
I – sem possuir Carteira Nacional de Habilitação, Permissão para Dirigir ou Autorização para Conduzir Ciclomotor:	Gravíssima; Penalidade – multa (três vezes).	Retenção do veículo até a apresentação de condutor habilitado.	7
II – com Carteira Nacional de Habilitação, Permissão para Dirigir ou Autorização para Conduzir Ciclomotor cassada ou com suspensão do direito de dirigir:	Gravíssima; Penalidade – multa (três vezes).	Recolhimento do documento de habilitação e retenção do veículo até a apresentação de condutor habilitado.	7
III – Com Carteira Nacional de Habilitação ou Permissão para Dirigir de categoria diferente da do veículo que esteja conduzindo:	Gravíssima; Penalidade – multa (duas vezes).	Retenção do veículo até a apresentação de condutor habilitado.	7
V – com validade da Carteira Nacional de Habilitação vencida há mais de trinta dias:	Gravíssima; Penalidade – multa.	Recolhimento da Carteira Nacional de Habilitação e retenção do veículo até a apresentação de condutor habilitado.	7
VI – sem usar lentes corretoras de visão, aparelho auxiliar de audição, de prótese física ou as adaptações do veículo impostas por ocasião da concessão ou da renovação da licença para conduzir:	Gravíssima; Penalidade – multa.	Retenção do veículo até o saneamento da irregularidade ou apresentação de condutor habilitado.	7

Fonte: Elaborado com base em Brasil, 1997.

Conforme observamos no quadro explicativo, o art. 162 trata das penalidades ao motorista que não se atém às disposições legais para poder dirigir veículo automotor, ou seja, das obrigações em relação a situações legais que envolvem diretamente a Permissão para Dirigir (PPD) e suas obrigações.

Já o art. 163 do CTB trata da infração de "Entregar a direção do veículo a pessoa nas condições previstas no artigo anterior [art. 162]" (Brasil, 1997). As penalidades e as medidas administrativas também serão as mesmas do artigo anterior. O art. 164, por sua vez, preconiza que, caso se permita "que pessoa nas condições referidas nos incisos do art. 162 tome posse do veículo automotor e passe a conduzi-lo na via" (Brasil, 1997), também incidirão a infrações previstas nos incisos do art. 162, bem como as mesmas penalidades e medidas administrativas.

O art. 165 trata de uma das penalidades que ocasionam mais acidentes no trânsito brasileiro: o uso de bebida alcoólica ou de substâncias psicoativas na direção. Essa atitude do motorista ao volante ocasiona milhares de vítimas fatais todos os anos no Brasil. Veja o que diz o CTB nos artigos apresentados no quadro a seguir.

Quadro 4.3 – Arts. 165, 165-A e 166 do CTB

Art. 165			
Infração	**Tipo de infração**	**Medida administrativa**	**Pontos**
Dirigir sob a influência de álcool ou de qualquer outra substância psicoativa que determine dependência.	Gravíssima; Penalidade – multa (dez vezes) e suspensão do direito de dirigir por 12 (doze) meses. Parágrafo único. Aplica-se em dobro a multa prevista no caput em caso de reincidência no período de até 12 (doze) meses.	Recolhimento do documento de habilitação e retenção do veículo, observado o disposto no § 4º do art. 270 da Lei n. 9.503, de 23 de setembro de 1997 – do Código de Trânsito Brasileiro.	7
Art. 165-A			
Recusar-se a ser submetido a teste, exame clínico, perícia ou outro procedimento que permita certificar influência de álcool ou outra substância psicoativa, na forma estabelecida pelo art. 277.	Gravíssima; Penalidade – multa (dez vezes) e suspensão do direito de dirigir por 12 (doze) meses. Parágrafo único. Aplica-se a multa em dobro prevista no caput em caso de reincidência no período de até 12 (doze) meses.	Recolhimento do documento de habilitação e retenção do veículo, observado o disposto no § 4º do art. 270.	7

(continua)

(Quadro 4.3 - conclusão)

Art. 166			
Confiar ou entregar a direção de veículo a pessoa que, mesmo habilitada, por seu estado físico ou psíquico, não estiver em condições de dirigi-lo com segurança.	Gravíssima; Penalidade - multa.		7

Fonte: Elaborado com base em Brasil, 1997.

Conforme podemos observar, o art. 165 trata do uso de álcool e/ou substâncias psicoativas na direção de veículo automotor. Esse artigo apresenta as penalidades e as medidas administrativas tomadas pelos agentes de trânsito. Já o art. 165-A, conforme já analisamos, trata do condutor que se nega a realizar os testes e exames capazes de identificar o uso de bebida alcoólica e substâncias psicoativas. Tal artigo é alvo de discussão de inconstitucionalidade no STF, conforme já vimos em capítulo anterior.

Já o art. 166 trata da situação em que o proprietário de um veículo permite que outra pessoa sob efeito de álcool e/ou substâncias psicoativas, mesmo que esteja habilitada, conduza o veículo colocando em risco a segurança dos demais.

O art. 167, por sua vez, ocupa-se do uso de cinto de segurança no veículo, conforme previsto no art. 65 do CTB. A infração é de natureza grave, sujeita a multa e à retenção do veículo até que o condutor ou o passageiro coloquem o cinto.

O transporte irregular de crianças em veículo automotor está disposto no art. 168 do CTB, o qual dispõe que a infração é gravíssima, sujeita à multa à retenção do veículo até o reparo da irregularidade.

O art. 169 dispõe que "Dirigir sem atenção ou sem os cuidados indispensáveis à segurança" é considerada "Infração – leve; Penalidade – multa" (Brasil, 1997).

No quadro a seguir separamos algumas infrações interessantes dispostas no CTB.

Quadro 4.4 – Algumas infrações dispostas no CTB

Art. 170			
Infração	**Tipo de infração**	**Medida administrativa**	**Pontos**
Dirigir ameaçando os pedestres que estejam atravessando a via pública, ou os demais veículos.	Gravíssima; Penalidade – multa e suspensão do direito de dirigir.	Retenção do veículo e recolhimento do documento de habilitação.	7
Art. 171			
Usar o veículo para arremessar, sobre os pedestres ou veículos, água ou detritos.	Média; Penalidade – multa.		4
Art. 172			
Atirar do veículo ou abandonar na via objetos ou substâncias.	Média; Penalidade – multa.		4

(continua)

(Quadro 4.4 – conclusão)

Art. 173			
Disputar corrida.	Gravíssima; Penalidade – multa (dez vezes), suspensão do direito de dirigir e apreensão do veículo; Parágrafo único. Aplica-se em dobro a multa prevista no caput em caso de reincidência no período de 12 (doze) meses da infração anterior.	Recolhimento do documento de habilitação e remoção do veículo.	7
Art. 174			
Promove, na via, competição, eventos organizados, exibição e demonstração de perícia em manobra de veículo, ou deles participar, como condutor, sem permissão da autoridade de trânsito com circunscrição sobre a via.	Gravíssima; Penalidade – multa (dez vezes), suspensão do direito de dirigir e apreensão do veículo; as penalidades também são aplicadas aos promotores e aos condutores participantes; § 2º Aplica-se em dobro a multa prevista no caput em caso de reincidência no período de 12 (doze) meses da infração anterior.	Recolhimento do documento de habilitação e remoção do veículo.	7

Fonte: Elaborado com base em Brasil, 1997.

Observe que essas podem até ser infrações curiosas, mas acontecem rotineiramente no trânsito das cidades brasileiras e colocam em risco a segurança das vias.

Outra infração que não podemos deixar de analisar é a disposta no art. 176 do CTB, a qual acontece rotineiramente no dia a dia do trânsito, muitas vezes por omissão dos condutores. Assim dispõe o artigo:

> Art. 176. Deixar o condutor envolvido em acidente com vítima:
>
> I - de prestar ou providenciar socorro à vítima, podendo fazê-lo;
>
> II - de adotar providências, podendo fazê-lo, no sentido de evitar perigo para o trânsito no local;
>
> III - de preservar o local, de forma a facilitar os trabalhos da polícia e da perícia;
>
> IV - de adotar providência para remover o veículo do local, quando determinadas por policial ou agente da autoridade de trânsito;
>
> V - de identificar-se ao policial e de lhe prestar informações necessárias à confecção do boletim de ocorrência.

Essas são situações que envolvem a vida de terceiros e vão além da questão de quem está certo ou errado. Muitas vezes, observamos condutores fugindo do local de acidentes por estarem em situação irregular (como irregularidades em documentos pessoais e/ou dos veículos), deixando pessoas sob a sorte de que outros possam socorrê-las. Em algumas situações, os acidentes ocorridos são em lugares ermos, onde não passam transeuntes, nos quais, infelizmente, muitas vezes chega a ocorrer a morte das vítimas.

Dessa forma, além de serem punidos administrativamente no caso de omissão exposto no art. 176 do CTB, o infrator ainda responderá por omissão em âmbito criminal.

Nos atos omissivos do art. 176, a infração é gravíssima (7 pontos), a penalidade é multa (cinco vezes) e a suspensão do direito de dirigir e a medida administrativa é o recolhimento do documento de habilitação.

Ainda em relação à omissão no trânsito, o art. 177 prevê infração grave e multa para o condutor que deixar "de prestar socorro à vítima de acidente de trânsito quando solicitado pela autoridade e seus agentes" (Brasil, 1997).

O art. 181 do CTB concentra a maior variedade de irregularidades. Podemos afirmar que são as infrações mais corriqueiras no dia a dia dos condutores de veículos brasileiros.

A falta de atenção e a irresponsabilidade dos motoristas fazem com que ao menos uma vez na vida o condutor de veículo automotor cometa uma infração corriqueira disposta no art. 181 do CTB. Essas infrações são responsáveis por grande parte das suspensões de CNH, pois, dependendo da infração, se for gravíssima – por exemplo, apenas 3 infrações –, o motorista já fica com a carteira suspensa.

Para facilitar a exposição das infrações, segue o quadro com as infrações que constam do art. 181 do CTB.

Quadro 4.5 – Art. 181 do CTB

Art. 181. Estacionar o veículo:			
Infração	Tipo de infração	Medida administrativa	Pontos
I – nas esquinas e a menos de cinco metros do bordo do alinhamento da via transversal.	Média; Penalidade – multa.	Remoção do veículo.	4
II – afastado da guia da calçada (meio-fio) de cinquenta centímetros a um metro.	Leve; Penalidade – multa.	Remoção do veículo.	3
III – afastado da guia da calçada (meio fio) a mais de um metro.	Grave; Penalidade – multa.	Remoção do veículo.	5
IV – em desacordo com as posições estabelecidas neste Código.	Média; Penalidade – multa.	Remoção do veículo.	4
V – na pista de rolamento das estradas, das rodovias, das vias de trânsito rápido e das vias dotadas de acostamento.	Gravíssima; Penalidade – multa.	Remoção do veículo.	7
VI – junto ou sobre hidrantes de incêndio, registro de água ou tampas de poços de visita de galerias subterrâneas, desde que devidamente identificados, conforme especificação do CONTRAN.	Média; Penalidade – multa.	Remoção do veículo.	4
VII – nos acostamentos, salvo motivo de força maior.	Leve; Penalidade – multa.	Remoção do veículo.	3

(continua)

(Quadro 4.5 – continuação)

Art. 181. Estacionar o veículo:			
Infração	**Tipo de infração**	**Medida administrativa**	**Pontos**
VIII–no passeio ou sobre faixa destinada a pedestre, sobre ciclovia ou ciclofaixa, bem como nas ilhas, refúgios, ao lado ou sobre canteiros centrais, divisores de pista de rolamento, marcas de canalização, gramados ou jardim público.	Grave; Penalidade – multa.	Remoção do veículo.	5
IX – onde houver guia de calçada (meio-fio) rebaixada destinada à entrada ou saída de veículos.	Média; Penalidade – multa.	Remoção do veículo.	4
X – impedindo a movimentação de outro veículo.	Média; Penalidade – multa.	Remoção do veículo.	4
XI – ao lado de outro veículo em fila dupla.	Grave; Penalidade – multa.	Remoção do veículo.	5
XII – na área de cruzamento de vias, prejudicando a circulação de veículos e pedestres.	Grave; Penalidade – multa.	Remoção do veículo.	5
XIII – onde houver sinalização horizontal delimitadora de ponto de embarque ou desembarque de passageiros de transporte coletivo ou, na inexistência desta sinalização, no intervalo compreendido entre dez metros antes e depois do marco do ponto.	Média; Penalidade – multa.	Remoção do veículo.	4

(continua)

(Quadro 4.5 - continuação)

Art. 181. Estacionar o veículo:			
Infração	**Tipo de infração**	**Medida administrativa**	**Pontos**
XIV - nos viadutos, pontes e túneis.	Grave; Penalidade - multa.	Remoção do veículo.	5
XV - na contramão de direção.	Média; Penalidade - multa.		4
XVI - em aclive ou declive, não estando devidamente freado e sem calço de segurança, quando se tratar de veículo com peso bruto total superior a três mil e quinhentos quilogramas.	Grave; Penalidade - multa.	Remoção do veículo.	5
XVII - em desacordo com as condições regulamentadas especificamente pela sinalização (placa - Estacionamento Regulamentado).	Grave; Penalidade - multa.	Remoção do veículo.	5
XVIII - em locais e horários proibidos especificamente pela sinalização (placa-Proibido Estacionar).	Média; Penalidade - multa.	Remoção do veículo.	4
XIX - em locais e horários de estacionamento e parada proibidos pela sinalização (placa-Proibido Parar e Estacionar).	Grave; Penalidade - multa.	Remoção do veículo.	5

(continua)

(Quadro 4.5 – conclusão)

Art. 181. Estacionar o veículo:			
Infração	**Tipo de infração**	**Medida administrativa**	**Pontos**
XX – nas vagas reservadas às pessoas com deficiência ou idosos, sem credencial que comprove tal condição.	Gravíssima; Penalidade – multa.	Remoção de veículo. § 1 – Nos casos previstos neste artigo, a autoridade de trânsito aplicará a penalidade preferencialmente após a remoção do veículo.	7

Fonte: Elaborado com base em Brasil, 1997.

Como podemos observar, o art. 181 do CTB traz uma grande parte das infrações diariamente cometidas no trânsito brasileiro.

Também é importante fazermos algumas anotações em relação à velocidade máxima permitida aos veículos, de acordo com o que rege o art. 61 do CTB. Nos locais em que não houver sinalização que regulamente a velocidade máxima, esta será:

> I – nas vias urbanas:
>
> a) oitenta quilômetros por hora, nas vias de trânsito rápido:
>
> b) sessenta quilômetros por hora, nas vias arteriais;
>
> c) quarenta quilômetros por hora, nas vias coletoras;
>
> d) trinta quilômetros por hora, nas vias locais;
>
> II – nas vias rurais:

a) nas rodovias de pista dupla:

1. 110 km/h (cento e dez quilômetros por hora) para automóveis, camionetas e motocicletas;

2. 90 km/h (noventa quilômetros por hora) para os demais veículos;

3. (revogado);

b) nas rodovias de pista simples:

1. 100 km/h (cem quilômetros por hora) para automóveis, camionetas e motocicletas;

2. 90 km/h (noventa quilômetros por hora) para os demais veículos;

c) nas estradas: 60 km/h (sessenta quilômetros por hora).

Preste atenção!

Veja o que diz o parágrafo 2º do art. 61 do CTB:

> § 2º O órgão ou entidade de trânsito ou rodoviário com circunscrição sobre a via poderá regulamentar, por meio de sinalização, velocidades superiores ou inferiores àquelas estabelecidas no parágrafo anterior.

Ou seja, a velocidade máxima nas vias terrestres livres para circulação será determinada pelo órgão ou pela entidade de trânsito ou rodoviário que tenha circunscrição no local da via terrestre. Após a devida análise das características técnicas, de condições de trânsito (condições físicas da pista), cada via ganha placas com a determinação da velocidade máxima adequada para ela. As placas modelo R-19 (velocidade máxima permitida – de acordo com a classificação disposta no art. 61) serão instaladas ao longo da rodovia, sempre em múltiplos de 10 km de distância uma das outras, tudo em conformidade com a Resolução do Contran n. 180/2005, que regulamenta a sinalização vertical e as diretrizes básicas em relação à velocidade máxima permitida nas vias.

Sobre o trânsito em vias públicas e rodovias, o art. 62 do CTB dispõe que: "A velocidade mínima para transitar nas vias públicas e rodovias, não poderá ser inferior à metade da máxima estabelecida, respeitando sempre as condições operacionais do trânsito e da via" (Brasil, 1997, grifo nosso), ou seja, o condutor deverá estar atento às condições físicas da via, ao fluxo de veículos, às condições meteorológicas etc.

É importante, ainda, observar o disposto nos arts. 41, 42 e 43 do CTB. Para aqueles que gostam de acionar a buzina, veja o que diz o art. 41:

> Art. 41 – O condutor de veículo só poderá fazer uso de buzina, desde que em toque breve, nas seguintes situações:
>
> I – para fazer as advertências necessárias a fim de evitar acidentes;
>
> II – fora das áreas urbanas, quando for conveniente advertir a um condutor que se tem o propósito de ultrapassá-lo. (Brasil, 1997)

Em outras palavras, o condutor não pode sair buzinando em todos os lugares e por qualquer motivo.

Já o art. 42 do CTB dispõe que: "Nenhum condutor deverá frear bruscamente seu veículo, salvo por razões de segurança" (Brasil, 1997).

Ao falar que é proibido ao condutor frear bruscamente o veículo, o legislador relacionou tal artigo ao art. 28, que determina que o condutor tenha sempre o domínio do veículo, devendo dirigir "com atenção e cuidados indispensáveis à segurança do trânsito", e ao art. 29, inciso II, segundo o qual é necessário sempre zelar pela "distância de segurança lateral e frontal" em relação aos outros veículos (Brasil, 1997). Dessa forma, a utilização brusca do freio sinaliza que o condutor não está cumprindo o disposto nesses artigos, demonstrando que não tem domínio sob o veículo a ponto de necessitar frear repentinamente.

O art. 183 do CTB preconiza as infrações de "Parar o veículo sobre a faixa de pedestres na mudança de sinal luminoso" (Brasil, 1997). Tal artigo pune aqueles que não observam com exatidão que o sinal está para fechar e acabam parando em cima da faixa de pedestre, infração de natureza média, sendo rotineira nas vias públicas brasileiras.

Importante!

É importante aqui fazer uma observação em relação ao verbo *parar* exposto no art. 183 do CTB. Nesse caso, a conduta não é exatamente o "parar" que se pretende punir.

O CTB, no anexo I, define o verbo *parar* como a "imobilização do veículo com a finalidade e pelo tempo estritamente necessário para efetuar embarque ou desembarque de passageiros" (Brasil, 1997). Ocorrendo tal parada sobre a faixa de pedestres, a infração já está enquadrada especificamente no art. 182, inciso VI, do CTB, infração essa de natureza leve.

No art. 183 do CTB, vemos a infração em que o motorista não atenta para o fechamento do semáforo ou, se percebe, ainda assim continua adiante, parando sobre a faixa de pedestre. Tal situação também tem conexão com o que dispõe o art. 45 do CTB, o qual dispõe: "Mesmo que a indicação luminosa do semáforo lhe seja favorável, nenhum condutor pode entrar em uma interseção se houver possibilidade de ser obrigado a imobilizar o veículo na área do cruzamento, obstruindo ou impedindo a passagem do trânsito transversal" (Brasil, 1997).

Ou seja, o correto seria o art. 183 do CTB, em vez do verbo *parar*, utilizar o verbo *imobilizar*. Quanto à multa ser de natureza média - enquanto a do art. 182, inciso VI, é de natureza leve -, podemos observar que, ao elaborar tal artigo, o legislador concluiu que é mais grave imobilizar o veículo na faixa de pedestre do que, de forma intencional, realizar, por exemplo, o embarque ou desembarque de passageiros.

A infração disposta no art. 183 do CTB pode ser objeto de fiscalização eletrônica, conforme dispõe a Resolução do Contran n. 165/2004 e a Portaria do Denatran n. 16/2004. O art. 7° da Portaria n. 16, de 21 de setembro de 2004, do Departamento Nacional de Trânsito (Denatran) dispõe que:

> O sistema automático não metrológico de fiscalização de parada sobre a faixa de travessia de pedestres na mudança de sinal luminoso deve:
>
> I - registrar a imagem do veículo parado sobre a faixa de travessia de pedestres, decorrido o tempo de permanência determinado para o local, pela autoridade de trânsito com circunscrição sobre a via;
>
> II - permanecer inibido, não registrando a imagem enquanto estiver ativo o foco verde ou o foco amarelo do semáforo veicular de referência [...];
>
> III - possibilitar a configuração de tempo de permanência do veículo sobre a faixa de travessia de pedestres de, no mínimo, 5 (cinco) e, no máximo, 12 (doze) segundos, em passos de um segundo;
>
> IV - na imagem detectada registrar, além do estabelecido no art. 4º da Resolução CONTRAN nº 165, no mínimo:
>
> a) o foco vermelho do semáforo veicular de referência;
>
> b) o veículo sobre a faixa de travessia de pedestres da aproximação fiscalizada. (Brasil, 2004b)

Já o art. 184 dispõe sobre transitar com o veículo em faixas exclusivas. Assim dispõe o artigo:

> Art. 184 - Transitar com o veículo:
>
> I - na faixa ou pista da direita, regulamentada como de circulação exclusiva para determinado tipo de veículo, exceto para acesso a imóveis lindeiros ou conversões à direita:

> Infração - leve;
>
> Penalidade - multa;
>
> II - na faixa ou pista da esquerda regulamentada como de circulação exclusiva para determinado tipo de veículo:
>
> Infração - grave;
>
> Penalidade - multa.
>
> III - na faixa ou via de trânsito exclusivo, regulamentada com circulação destinada aos veículos de transporte público coletivo de passageiros, salvo casos de força maior e com autorização do poder público competente:
>
> Infração - gravíssima;
>
> Penalidade - multa e apreensão do veículo;
>
> Medida Administrativa - remoção do veículo. (Brasil, 1997)

Ou seja, esse artigo pune a conduta do motorista que utiliza irregularmente a faixa devidamente sinalizada como exclusiva para determinado tipo de veículo pelo órgão ou entidade de trânsito com circunscrição sobre a via. É importante observarmos que, em alguns casos, os órgãos de trânsito sinalizam uma área como preferencial para determinados veículos. No entanto, preferência não é exclusividade, o que significa que a vaga não é exclusiva, podendo ser utilizada por outros veículos além daquele a que foi destinada a preferência. Assim como o artigo anterior, a fiscalização desse artigo pode ser realizada por meio de sistemas automáticos não metrológicos.

Para priorizar a via pública a determinados veículos, os órgãos públicos utilizam-se da classificação constante no art. 96, inciso II, do CTB.

Como podemos observar, todos os artigos dispostos no CTB têm como objetivo principal a proteção da vida de todos os usuários do trânsito. São orientações e punições que, além de alertar, previnem os usuários em relação ao que pode e o que não pode quando estiverem na condução de um veículo.

Como vimos, as infrações de trânsito são classificadas como *leves*, *médias*, *graves* e *gravíssimas*, cada qual representada por uma pontuação. O condutor não pode ultrapassar a soma de 20 pontos no período de 12 meses, a contar da primeira infração. O art. 268 do CTB dispõe que o infrator, após a suspensão da CNH, terá de fazer um curso de reciclagem.

Nesse contexto, é importante citar o parágrafo 4º do art. 259 do CTB, que diz:

> Ao condutor identificado no ato da infração será atribuída pontuação pelas infrações de sua responsabilidade, nos termos previstos no § 3º do art. 257, excetuando-se aquelas praticadas por passageiros usuários do serviço de transporte rodoviário de passageiros em viagens de longa distância transitando em rodovias com a utilização de ônibus, em linhas regulares intermunicipal, interestadual, internacional e aquelas em viagem de longa distância por fretamento e turismo ou de qualquer modalidade, excetuadas as situações regulamentadas pelo Contran a teor do art. 65 da Lei no 9.503, de 23 de setembro de 1997–Código de Trânsito Brasileiro. (Brasil, 1997)

Para não esquecermos da natureza da infração e da respectiva pontuação, apresentamos o esquema no quadro a seguir.

Quadro 4.6 – Natureza da infração e pontuação – art. 259 do CTB

Multa – Infração de natureza leve	3 pontos
Multa – Infração de natureza média	4 pontos
Multa – Infração de natureza grave	5 pontos
Multa – Infração de natureza gravíssima	7 pontos

Fonte: Elaborado com base em Brasil, 1997.

Trabalharemos, na sequência, a suspensão e a cassação da CNH. Esta última vai acontecer nas situações dispostas no art. 263 do CTB, o qual dispõe que, quando o infrator cometer mais de um tipo de infração ao mesmo tempo, serão aplicadas multas cumulativas.

— 4.2.1 —
Medidas administrativas

Conforme já verificamos anteriormente, muitas vezes as infrações são passíveis de multa e de medidas administrativas. Neste tópico, abordaremos as medidas administrativas mais aplicadas aos condutores de veículos automotores. Estas apresentam como características:

- têm poder de polícia;
- são atribuições da autoridade de trânsito;
- seguem os princípios da reserva legal previstos no art. 5º, inciso XXXIX, da Constituição de 1988;

- não são sanções administrativas, têm somente natureza de poder de polícia;
- são aplicadas no momento da autuação da infração.

A seguir, analisaremos com mais atenção cada uma das medidas administrativas: retenção do veículo; remoção do veículo; recolhimento da CNH, da Autorização para Condutores Ciclomotor (ACC) e da PPD; recolhimento do Certificado de Registro e Licenciamento do Veículo (CRLV); recolhimento de Certificado de Registro de Veículos (CRV); e trasbordo de excesso de carga viária.

Retenção do veículo

Trata-se da retirada momentânea de circulação de um veículo irregular para que tal questão possa ser regularizada pelo proprietário imediatamente. Tendo em vista que muitas das vezes a regularização do veículo não é possível naquele momento, autoridade de trânsito poderá liberá-lo, pois a sua retenção poderá ocasionar maiores problemas, ficando o proprietário obrigado a apresentar o veículo para inspeção posterior com a irregularidade sanada. Vejamos a seguir essas irregularidades.

- Irregularidades que podem ser sanadas no local da ocorrência – A autoridade autua e libera o veículo, conforme dispõe o art. 271, § 9º do CTB.
- Irregularidades que não podem ser sanadas no local da ocorrência – A autoridade autua, recolhe o CRLV e libera o veículo;

ou autua e recolhe o veículo para o depósito, a depender da segurança do trânsito. As medidas administrativas devem seguir o princípio da defesa da vida, disposto no CTB.

- Irregularidades que não podem ser resolvidas no local, porém, diante da situação, é mais seguro liberar o veículo – Ocorre nos casos de transportes coletivo de passageiros, veículos de carga perigosa ou perecível. No entanto, o agente observará os critérios de segurança de circulação do veículo em vias públicas antes de fazer a liberação.

Fonte: Elaborado com base em Brasil, 1997.

O art. 104, parágrafo 5º, do CTB dispõe que cabe medida administrativa de retenção aos veículos reprovados em inspeções de segurança e de emissão de gases poluentes e ruídos.

Remoção do veículo

Esse ato é de natureza de constrangimento de polícia (poder de polícia), a qual é formalizada por meio de um documento chamado *termo de remoção*.

De acordo com o art. 271 do CTB, é feita a remoção do veículo irregular nos casos previstos no Código, "para depósito fixado pelo órgão ou entidade competente, com circunscrição sobre a via" onde o veículo se encontra, cuja devolução se dará "mediante prévio pagamento de multas, taxas e das despesas com remoção e estada [no pátio], além de outros encargos previstos na legislação especifica" (Brasil, 1997).

Já o disposto no parágrafo 2º do art. 271 do CTB (modificado pela Lei n. 13.160/2015) determina que o veículo removido só será restituído após o "reparo de qualquer componente ou equipamento obrigatório que não esteja em perfeito estado de funcionamento". Para realização do reparo, o proprietário poderá solicitar autorização ao órgão competente para transportar o veículo até o local onde será consertado, devendo este voltar para vistoria em data futura.

Recolhimento da CNH, da ACC e da PPD

O recolhimento da Carteira Nacional de Habilitação (CNH), da Autorização para Condutores de Ciclomotor (ACC) e da Permissão para Dirigir (PPD) é uma medida administrativa na qual o agente de trânsito poderá recolher esses documentos de acordo com o disposto no CTB, ou seja, a infração cometida deve prever a medida administrativa de recolhimento dos documentos – por exemplo: CNH vencida (art. 162, V), dirigir sob influência de álcool (art. 165) , suspeita de inautenticidade ou adulteração de documentos (art. 272), condução de veículo por condutor que já se encontra no período de suspensão do direito de dirigir ou de cassação de documento de habilitação (art. 162, II), disputa de corrida (art. 173), direção perigosa (art. 175), condução de motocicleta sem capacete (art. 244, I) etc. É importante salientar que o recolhimento das permissões de dirigir está devidamente disposto no art. 272 do CTB, e que poderão ser recolhidas as permissões de dirigir em outras infrações de trânsito que prevejam tal medida administrativa, principalmente quando a irregularidade encontrada não for possível de ser sanada no local. Dessa forma, o agente de trânsito, a fim de evitar a condução do veículo em via pública, poderá recolher o documento até que a irregularidade seja devidamente sanada, conforme dispõe o item 8.3 do Manual Brasileiro de Fiscalização de Trânsito[1].

Recolhimento do CRLV

O recolhimento do certificado de licenciamento anual só ocorrerá quando vier devidamente expressa na infração essa medida administrativa. Além do previsto nas infrações, a CRLV pode ser recolhida nos seguintes casos:

- **Art. 240 do CTB** - Quando o proprietário deixar de baixar o "registro de veículo irrecuperável ou definitivamente desmontado" (Brasil, 1997).
- **Art. 243 do CTB** - Quando a empresa seguradora deixar "de comunicar ao órgão executivo de trânsito competente a ocorrência de perda total do veículo e de lhe devolver as respectivas placas e documentos" (Brasil, 1997).
- **Art. 270, § 2º, do CTB** - "Quando a irregularidade constatada não pode ser regularizada no local" (Brasil, 1997).
- **Art. 274** -"O recolhimento do Certificado de Licenciamento Anual dar-se-á mediante recibo, além dos casos previstos neste Código, quando: I - houver suspeita de inautenticidade ou adulteração; II - se o prazo de licenciamento estiver vencido; III - no caso de retenção do veículo, se a irregularidade não puder ser sanada no local" (Brasil, 1997).

---

1 Conforme consta na Resolução n. 561, de 15 de outubro de 2015 (Brasil, 2015b).

Recolhimento de CRV

O agente de trânsito somente recolherá o documento de CRV quando tal autorização de recolhimento vier expressa na infração e/ou por suspeita de inautenticidade ou adulteração do documento. Ainda pode ser recolhido o documento CRV nos casos a seguir:

- **Art. 240 do CTB** – Quando o responsável deixar "de promover a baixa do registro de veículo irrecuperável ou definitivamente desmontado" (Brasil, 1997).
- **Art. 243 do CTB** – Quando a empresa seguradora deixar "de comunicar ao órgão executivo de trânsito competente a ocorrência de perda total do veículo e de lhe devolver as respectivas placas e documentos" (Brasil, 1997).
- **Art. 233 do CTB** – Quando a propriedade não for transferida em 30 dias.

Conforme observamos, mesmo não sendo obrigatório o porte do CRV, o legislador previu, em algumas situações, o recolhimento desse documento.

Trasbordo de excesso de carga viária

Essa medida administrativa tem por finalidade fazer os veículos de carga viária não trafegarem com excesso de peso. A infração aplicada é relativa ao excesso de peso transportado pelo veículo. Ao ser constatada tal irregularidade, a condição para que o veículo possa continuar a viagem é fazer a realização do transbordo da carga em excesso. As despesas referentes ao serviço de transbordo da carga ficarão a cargo do proprietário do veículo. Mesmo realizando o transbordo do excesso da carga, o motorista será multado.

Conforme o parágrafo único do art. 275, não sendo possível a realização do transbordo, "o veículo será recolhido ao depósito, sendo liberado após sanada a irregularidade e pagas as despesas de remoção e estada" (Brasil, 1997). O art. 8º da Resolução n. 258, de 30 de novembro de 2007, do Contran permite ao agente de Trânsito analisar a situação e liberar "o remanejamento ou transbordo de produtos perigosos, produtos perecíveis, cargas vivas e passageiros" (Brasil, 2007), sem prejuízo da aplicação da multa.

— 4.3 —

Dos crimes de trânsito e da aplicação da lei

Conforme já comentamos anteriormente, o CTB criou as regras para o tráfego terrestre em vias públicas. Criou também tipos penais, recriando outros já existentes no Código Penal (CP) - Decreto-Lei n. 2.848, de 7 de dezembro de 1940 (Brasil, 1940) - e na Lei das Contravenções Penais (LCP), para que possam ser aplicadas as infrações cometidas.

Como estabelece o art. 291 do CTB:

> Art. 291 - Aos crimes cometidos na direção de veículos automotores, previsto neste Código, aplicam-se as normas gerais do

> Código Penal e do Código de Processo Penal, se este Capítulo não dispuser de modo diverso, bem como a Lei nº 9.099, de 26 de setembro de 1995 [Juizados Especiais], no que couber. (Brasil, 1997)

Tal artigo, no parágrafo 1º, trata da aplicabilidade da pena a todos os crimes de lesão corporal culposa conforme a Lei n. 9.099/1995, em seus arts. 74, 76 e 88. O artigo preconiza, nos incisos I, II, III as exceções, que são os casos em que o condutor estiver:

> I - sob a influência de álcool ou qualquer outra substância psicoativa que determine dependência;
>
> II - participando, em via pública, de corrida, disputa ou competição automobilística, de exibição ou demonstração de perícia em manobra de veículo automotor, não autorizada pela autoridade competente;
>
> III - transitando em velocidade superior à máxima permitida para a via em 50 km/h (cinquenta quilômetros por hora). (Brasil, 1997)

O parágrafo 2º do mesmo artigo dispõe: "Nas hipóteses previstas no § 1º deste artigo, deverá ser instaurado inquérito policial para a investigação da infração penal" pela polícia judiciária (Brasil, 1997). Já o parágrafo 4º determina:

> § 4º O juiz fixará a pena-base segundo as diretrizes previstas no art. 59 do Decreto-Lei nº 2.848, de 7 de dezembro de

> 1940 (Código Penal), dando especial atenção à culpabilidade do agente e às circunstâncias e consequências do crime. (Brasil, 1997)

Dessa forma, o CTB tem aplicação subsidiária em relação aos crimes cometidos por condutores de veículos automotores, ou seja, quando o Código não falar acerca do crime, aplicará subsidiariamente o CP e o Código de Processo Penal (CPP).

No entanto, é importante ter em mente que os crimes de menor potencial ofensivo, tipificados nos arts. 304, 305, 307, 309, 310, 311 e 312 do CTB, seguirão o rito dos procedimentos especiais da Lei n. 9.099/1995.

Os crimes mais graves, como os tipificados nos arts. 306 e 308 do CTB, seguirão o rito do CP e do CPP.

As disposições das normas gerais dos crimes de trânsito estão dispostas do art. 291 ao art. 301 do CTB.

Os crimes de trânsito estão tipificados do art. 302 ao art. 312 do CTB. Já os crimes em espécie estão dispostos nos arts. 302, 303 e 308 do Código.

O CTB apresenta dois tipos de crimes: os crimes de danos e os crimes de perigo. Conforme Fragoso (1985, p. 173, grifo nosso) "**dano** é a alteração prejudicial de um bem; a destruição ou diminuição de um bem; o sacrifício ou restrição de um interesse jurídico".

No que diz respeito ao crime de **perigo**, para Mirentxu Corcoy Bidasolo (citado por Greco, 2011, p. 288):

> a qualificação de uma conduta como perigosa deverá ser colocada como um problema de probabilidade de lesão no caso concreto, atendendo aos bens jurídico-penais potencialmente postos em perigo e ao âmbito de atividade donde se desenvolve essa situação, independentemente se o autor pode evitar a lesão, seja através de meios normais ou extraordinários.

Nesse sentido, é importante sabermos que os crimes de danos são os previstos nos arts. 302 e 303 do CTB – homicídio culposo e lesão corporal culposa, respectivamente. Já os crimes de perigo são aqueles previstos do art. 304 ao art. 312 do CTB.

Reiterando, os crimes de trânsito são aqueles praticados na condução de veículos automotores, desde que sejam de perigo (abstrato ou concreto) ou de dano, tendo como elemento subjetivo a culpa. Dessa forma, resta evidente que o crime de trânsito só se dará quando for na forma culposa, pois, se for na forma dolosa, será tipificado no CP. Se alguém cometer um homicídio no trânsito sem intenção (culposo), será considerado crime de trânsito; no entanto, se uma pessoa jogar o veículo automotor em cima de outra pessoa (atropelar) e matá-la (dolosamente), estará cometendo o crime tipificado no art. 121 do CP (homicídio doloso).

Antes de nos aprofundarmos no estudo dos crimes de trânsito, é importante conhecer os conceitos de crime doloso e de crime culposo. O conceito de dolo e culpa estão dispostos no art. 18 do CP:

> Art. 18 - Diz-se o crime:
>
> **Crime doloso**
>
> I - doloso, quando o agente quis o resultado ou assumiu o risco de produzi-lo;
>
> **Crime culposo**
>
> II - culposo, quando o agente deu causa ao resultado por imprudência, negligência ou imperícia.
>
> Parágrafo único - Salvo os casos expressos em lei, ninguém pode ser punido por fato previsto como crime, senão quando o pratica dolosamente. (Brasil, 1940, grifo do original)

Ou seja, crime culposo é quando o agente não tinha a intenção de causar o resultado final, mas agiu de forma precipitada, com descuido ou desatenção (negligência), agindo sem a habilidade devida e/ou capacitação técnica necessária para que não ocorresse tal evento (imperícia).

É importante ressaltar que os crimes dolosos são os crimes praticados contra a vida de outra pessoa. Esse tipo de crime é julgado pelo júri popular (tribunal), tendo em vista a vontade de praticar o ato e/ou o risco de produzi-lo. Já o crime culposo é julgado por um juiz na vara criminal de competência do local do fato.

Vamos iniciar nosso estudo analisando o art. 302 do CTB, que preconiza:

> Art. 302 - Praticar homicídio culposo na direção de veículo automotor:

> Penas-detenção, de dois a quatro anos, e suspensão ou proibição de se obter a permissão ou a habilitação para dirigir veículo automotor.
>
> § 1º No homicídio culposo cometido na direção de veículo automotor, a pena é aumentada de 1/3 (um terço) à metade, se o agente:
>
> I – não possuir Permissão para Dirigir ou Carteira de Habilitação;
>
> II – praticá-lo em faixa de pedestres ou na calçada;
>
> III – deixar de prestar socorro, quando possível fazê-lo sem risco pessoal, à vítima do acidente;
>
> IV – no exercício de sua profissão ou atividade, estiver conduzindo veículo de transporte de passageiros.
>
> § 2º (Revogado pela Lei nº 13.281, de 2016)
>
> § 3º Se o agente conduz veículo automotor sob a influência de álcool ou de qualquer outra substância psicoativa que determine dependência:
>
> Penas-reclusão, de cinco a oito anos, e suspensão ou proibição do direito de se obter a permissão ou a habilitação para dirigir veículo automotor. (Brasil, 1997, grifo nosso)

O art. 302 do CTB é o primeiro artigo da Seção II do Capítulo XIX do CTB, intitulado *Dos crimes de trânsito*. O art. 302 trata de um **crime em espécie**.

A conduta prevista no artigo é a de matar alguém de maneira culposa quando estiver na direção de veículo automotor. Não se trata de homicídio, e sim de matar alguém de forma culposa, pois a pessoa não tinha intenção em matar. O ato de matar foi em consequência de "negligência, imprudência ou imperícia" (Brasil, 1940), ou seja, o condutor não tinha o resultado – a morte – como propósito. O crime culposo está conceituado no art. 18, inciso II, do CP.

A pena, nesse caso, é cumulativa: "detenção, de dois a quatro anos, e suspensão ou proibição de se obter a permissão ou a habilitação para dirigir veículo automotor" (Brasil, 1997). Tais punições são aplicadas por meio de sanção judicial, e não administrativas, pelos órgãos de trânsito. Nesse caso, a pena cumulativa é aplicada pelo juiz com base nos arts. 292 a 296 do CTB.

É importante ressaltar que o art. 291 do CTB preconiza que:

> Art. 291 – **Aos crimes cometidos na direção de veículos automotores, previstos neste Código, aplicam-se as normas gerais do Código Penal e do Código de Processo Penal**, se este Capítulo não dispuser de modo diverso, bem como a Lei nº 9.099, de 26 de setembro de 1995, no que couber.
>
> § 1º Aplica-se aos crimes de trânsito de lesão corporal culposa o disposto nos arts. 74, 76 e 88 da Lei nº 9.099, de 26 de setembro de 1995, exceto se o agente estiver:
>
> I – sob a influência de álcool ou qualquer outra substância psicoativa que determine dependência;
>
> II – participando, em via pública, de corrida, disputa ou competição automobilística, de exibição ou demonstração de perícia em manobra de veículo automotor, não autorizada pela autoridade competente;

> III – transitando em velocidade superior à máxima permitida para a via em 50 km/h (cinquenta quilômetros por hora).
>
> § 2º Nas hipóteses previstas no § 1o deste artigo, deverá ser instaurado inquérito policial para a investigação da infração penal.
>
> § 3º (VETADO). (Incluído pela Lei nº 13.546, de 2017)
>
> § 4º O juiz fixará a pena-base segundo as diretrizes previstas no art. 59 do Decreto-Lei nº 2.848, de 7 de dezembro de 1940 (Código Penal), dando especial atenção à culpabilidade do agente e às circunstâncias e consequências do crime. (Brasil, 1997, grifo nosso)

Assim, o art. 291 é claro em dizer que, aos crimes cometidos na direção de veículos automotores, aplicam-se as normas gerais do CP e do CPP.

É importante também você saber que, nos homicídios culposos do trânsito, o juiz poderá aplicar o perdão judicial disposto no parágrafo 5º do art. 121 do CP, o qual preconiza: "Na hipótese de homicídio culposo, o juiz poderá deixar de aplicar a pena, se as consequências da infração atingirem o próprio agente de forma tão grave que a sanção penal se torne desnecessária" (Brasil, 1997).

O parágrafo 1º do art. 291 do CTB e seus incisos trazem as exceções em relação ao crime culposo na direção de veículo automotor, ou seja, estando em quaisquer das condições narradas nesse parágrafo, o condutor responderá por dolo eventual, pois assumiu a responsabilidade por sua atitude. Em alguns casos, pode ser considerado crime doloso, dependendo da caracterização do crime (quando há intenção em provocar a morte).

Caso reste constatado que o crime foi praticado com dolo e/ ou com dolo eventual (quando assume o risco pelo resultado), o autor responderá pelo art. 121 do CP, que prevê uma pena de 6 a 20 anos (homicídio).

O art. 303 do CTB, que também é um **crime em espécie**, preconiza que:

> Art. 303 - Praticar lesão corporal na direção de veículo automotor:
>
> Penas - detenção, de seis meses a dois anos e suspensão ou proibição de se obter a permissão ou a habilitação para dirigir veículo automotor.
>
> § 1º Aumenta-se a pena de 1/3 (um terço) à metade, se ocorrer qualquer das hipóteses do § 1º do art. 302.
>
> § 2º A pena privativa de liberdade é de reclusão de dois a cinco anos, sem prejuízo das outras penas previstas neste artigo, se o agente conduz o veículo com capacidade psicomotora alterada em razão da influência de álcool ou de outra substância psicoativa que determine dependência, e se do crime resultar lesão corporal de natureza grave ou gravíssima. (Brasil, 1997)

Para analisarmos o art. 303, precisamos ter em mente o que dizem os arts. 18 e 129 do CP. O art. 129 trata da lesão corporal: "Ofender a integridade corporal ou a saúde de outrem"; já o art. 18, inciso II, trata da modalidade culposa da lesão corporal: "Diz-se o crime: [...] II – culposo, quando o agente deu causa ao resultado por imprudência, negligência ou imperícia" (Brasil, 1997).

Nesse contexto, é importante salientar que a modalidade do crime previsto no art. 303 do CTB só acontece quando o condutor de veículo automotor ofende a integridade corporal ou a saúde de outra pessoa, age de forma precipitada, sem tomar cautela (imprudência), com descuido e desatenção, deixa de ter precaução devida com a situação vivenciada (negligência) e ainda quando não tem a qualificação técnica devida (imperícia). É importante ressaltar que o crime deve ter ocorrido sem a intenção de praticar a lesão corporal.

Uma curiosidade sobre o art. 303 do CTB é em relação à pena prevista, de "seis meses a dois anos" (Brasil, 1997), sendo superior à estabelecida no art. 129 do CP, de "três meses a um ano" (Brasil, 1940). Em outras palavras, se a pessoa praticar o crime no trânsito de forma culposa, terá uma pena maior do que se houvesse praticado o crime com intenção (dolo – previsto no art. 129 do CP).

No entanto, é importante observar que, se o condutor responder por lesão grave ou gravíssima segundo o que consta no art. 303 do CTB, será utilizado o texto legal previsto para lesão corporal dolosa prevista no CP para qualificar o crime. Mesmo assim, é importante ter em mente que, nos casos de lesão corporal por dolo eventual em que o autor causar lesões gravíssimas na vítima, passando a responder pelo CTB, ele terá uma pena mais branda do que a disposta no art. 129, parágrafo 2°, do CP.

Como já estudamos, caso o crime não seja culposo, o autor do crime responderá com base no art. 129 do CP e seus parágrafos, analisando se a lesão é leve ou grave, se foi seguida de morte, se cabe a incidência de diminuição e/ou substituição de pena.

Nesse contexto, devemos ter em mente que, nos casos de crime culposo, o condutor responderá o crime pelo CTB, e nos casos dolosos, responderá pelo CP.

O art. 303 do CTB ainda prevê a suspensão ou a proibição de se obter a habilitação, e tais medidas estarão a cargo do juiz e são de natureza criminal, nos termos dos arts. 292 e 296 do CTB.

Agora, analisaremos o art. 304 do CTB, que trata do seguinte crime:

> Art. 304 – Deixar o condutor do veículo, na ocasião do acidente, de prestar imediato socorro à vítima, ou, não podendo fazê-lo diretamente, por justa causa, deixar de solicitar auxílio da autoridade pública:
>
> Penas – detenção, de seis meses a um ano, ou multa, se o fato não constituir elemento de crime mais grave.
>
> Parágrafo único. Incide nas penas previstas neste artigo o condutor do veículo, ainda que a sua omissão seja suprida por terceiros ou que se trate de vítima com morte instantânea ou com ferimentos leves. (Brasil, 1997)

Esse é um dos crimes que mais ocorrem no trânsito brasileiro, pois é comum vermos nos noticiários casos em que o motorista se envolve em acidente de trânsito e abandona do local, abandonando a vítima à própria sorte, sem prestar qualquer tipo de socorro.

Em outras palavras, esse tipo de crime ocorre quando o condutor de veículo automotor deixa de socorrer a vítima imediatamente ou, no caso de não poder prestar o socorro diretamente (nos casos em que o motorista corre risco de vida, por exemplo, o perigo de linchamento), deixa de pedir a ajuda da autoridade pública (não chama o socorro). O condutor não precisa tocar na vítima nem colocá-la em seu carro, mas tem a obrigação de chamar o socorro (autoridade pública) e, se possível, permanecer no local até que a ajuda chegue; caso contrário, será considerado omisso em relação a sua atitude.

Para que haja o crime previsto no art. 304 do CTB, a ocorrência deve ter acontecido no trânsito (com resultado, morte e/ou lesões corporais) e a pessoa que se omitiu deve ser o condutor do veículo automotor que se envolveu no acidente de alguma forma – ou seja, diz respeito ao condutor e à omissão em relação à vítima, não em relação aos danos materiais causados (independe de danos materiais).

Lembrando que não é o caso dos condutores que apenas estão passando pelo local do acidente e deixam de prestar socorro, os quais responderão pelo art. 135 do CTB.

É importante também você saber que, nos casos em que o fato se constitua crime mais grave, o art. 304 deixa de ser aplicado, pois a omissão passará a ser um agravante, previsto no art. 302, parágrafo único, inciso III, e 303, parágrafo único, do CTB. Dessa forma, evita-se o "*bis in idem*" penal (punição em dobro pelo mesmo motivo).

O art. 305 do CTB dispõe que:

> Afastar-se o condutor do veículo do local do acidente, para fugir à responsabilidade penal ou civil que lhe possa ser atribuída:
>
> Penas – detenção, de seis meses a um ano, ou multa. (Brasil, 1997)

Esse tipo de crime acontece quando o condutor do veículo automotor deixa o local em que houve acidente sem justificativa, apenas para fugir da sua responsabilidade civil e criminal (por eventual indenização material e/ou por eventual punição criminal). São vários os exemplos de causas de ocorrência desse crime: condutor embriagado ou sob efeito de psicoativos, carro com documentações irregulares, condutor sem documentação de habilitação etc.

Esse artigo também é responsável por grande discussão doutrinária e jurisprudencial, pois violaria o disposto no art. 5º, inciso LVII, da Constituição Federal (CF), que rege: "ninguém será considerado culpado até o trânsito em julgado de sentença penal condenatória" (Brasil, 1988), além do que dispõe o inciso LXIII, que trata do direito de não incriminação. Esses direitos também são resguardados pela Convenção Americana de Direitos Humanos, em seu art. 8º, inciso 2. Em relação à responsabilidade civil, a discussão também persiste no sentido de que não pode o legislador contemplar uma hipótese de indenização simplesmente por achar que o condutor terá de indenizar alguém. Em relação à detenção, também é conflitante com o que dispõe o art. 5º da CF, o qual diz: "LXVII – não haverá prisão civil por dívida, salvo a do responsável pelo inadimplemento voluntário e inescusável de obrigação alimentícia e a do depositário infiel" (Brasil, 1988). Ou seja, conforme jurisprudência já pacificada pelo STJ, ninguém no Brasil pode ser levado à prisão por dívida civil, a não ser no caso de pensão alimentícia. É importante alertar que tal discussão tem como objetivo ressaltar a importância de o legislador criar as normas de acordo com o disposto na CF, caso contrário, sempre será alvo de inconstitucionalidade e de perseguição doutrinária.

Vamos, agora, ao art. 306 do CTB, que dispõe:

> Art. 306 – Conduzir veículo automotor com capacidade psicomotora alterada em razão da influência de álcool ou de outra substância psicoativa que determine dependência:
>
> Penas – detenção, de seis meses a três anos, multa e suspensão ou proibição de se obter a permissão ou a habilitação para dirigir veículo automotor.
>
> § 1º As condutas previstas no caput serão constatadas por:

> I – concentração igual ou superior a 6 decigramas de álcool por litro de sangue ou igual ou superior a 0,3 miligrama de álcool por litro de ar alveolar; ou
>
> II – sinais que indiquem, na forma disciplinada pelo Contran, alteração da capacidade psicomotora.
>
> § 2º A verificação do disposto neste artigo poderá ser obtida mediante teste de alcoolemia ou toxicológico, exame clínico, perícia, vídeo, prova testemunhal ou outros meios de prova em direito admitidos, observado o direito à contraprova.
>
> § 3º O Contran disporá sobre a equivalência entre os distintos testes de alcoolemia ou toxicológicos para efeito de caracterização do crime tipificado neste artigo.
>
> § 4º Poderá ser empregado qualquer aparelho homologado pelo Instituto Nacional de Metrologia, Qualidade e Tecnologia – INMETRO – para se determinar o previsto no caput. (Brasil, 1997)

Esse artigo tem como tipo penal a condução do veículo automotor com a capacidade psicomotora alterada pela "influência de álcool ou de substância psicoativa" (Brasil, 1997). É importante alertar que, no Brasil, a concentração de álcool permitida no organismo não importa mais, pois agora é apenas uma das situações que tipificam o crime previsto nesse artigo (anexo II da Resolução n. 432/2013 do Contran). Em outras palavras, não é só a concentração de álcool que tipifica o crime, pois é possível punir criminalmente os condutores que não querem fazer o exame de bafômetro, uma vez que o agente da autoridade de trânsito pode identificar os sinais de embriaguez no condutor do veículo automotor e autuar por termo o infrator por meio de exame clínico, vídeo e prova testemunhal, entre outros meios admitidos em direito.

O parágrafo 4º do artigo 306 ainda contempla a utilização de qualquer aparelho capaz de identificar as situações previstas no CTB, devendo tais aparelhos serem simplesmente homologados pelo Instituto Nacional de Metrologia, Qualidade e Tecnologia (Inmetro), não havendo necessidade de regulamentação específica do Contran. Infelizmente, até a presente data ainda não existe resolução do Contran em relação à utilização do drogômetro (para substâncias psicoativas), ou seja, o parágrafo 4º, além de não ser utilizado, seria facilmente substituído por uma simples resolução do Contran.

O art. 307 do CTB, por sua vez, dispõe o seguinte:

> Art. 307 – Violar a suspensão ou a proibição de se obter a permissão ou a habilitação para dirigir veículo automotor imposta com fundamento neste Código:
>
> Penas – detenção, de seis meses a um ano e multa, com nova imposição adicional de idêntico prazo de suspensão ou de proibição.
>
> Parágrafo único. Nas mesmas penas incorre o condenado que deixa de entregar, no prazo estabelecido no § 1º do art. 293, a Permissão para Dirigir ou a Carteira de Habilitação. (Brasil, 1997)

Aqui é importante observar os tipos de suspensão do direito de dirigir previstos no CTB. Existem duas formas para a suspensão de direito de dirigir, uma é a do tipo administrativa, que prevê a suspensão de direito de dirigir de um mês a um ano e é imposta pelo órgão ou entidade do executivo estadual, nos casos de acumulo de pontos e/ou ainda pelo cometimento de infração de trânsito que aplique a suspensão de maneira direta conforme dispõe o art. 265, inciso II do CTB. A outra maneira de suspensão criminal é aplicada pelo juiz (poder judiciário) e tem previsão de suspensão de dois meses a cinco anos, sendo é aplicada nos casos dos crimes de trânsito.

É importante você saber que o entendimento majoritário doutrinário é que a "suspensão ou a proibição de se obter a permissão, ou a habilitação para dirigir veículo automotor" de que trata esse artigo tem como natureza a suspensão de natureza criminal, aquela imposta pelo juiz. Primeiro porque não traz na letra do artigo a palavra administrativa e segundo porque apresenta em seu parágrafo único: "incorre o condenado" [...], referência direta a sanções criminais, em que ocorre a suspensão judicial. Entende que aquele que infringe a suspensão administrativa estará desrespeitando o disposto no artigo 162, inciso II, e a cassação do documento de habilitação, conforme artigo 263, inciso I do CTB, devendo apenas ser aplicada a infração de trânsito.

Já o art. 308 do CTB, que é **considerado crime em espécie**, preconiza:

> Art. 308 – Participar, na direção de veículo automotor, em via pública, de corrida, disputa ou competição automobilística ou ainda de exibição ou demonstração de perícia em manobra de veículo automotor, não autorizada pela autoridade competente, gerando situação de risco à incolumidade pública ou privada:
>
> Penas – detenção, de 6 (seis) meses a 3 (três) anos, multa e suspensão ou proibição de se obter a permissão ou a habilitação para dirigir veículo automotor.
>
> § 1º Se da prática do crime previsto no caput resultar lesão corporal de natureza grave, e as circunstâncias demonstrarem que o agente não quis o resultado nem assumiu o risco de produzi-lo, a pena privativa de liberdade é de reclusão, de 3 (três) a 6 (seis) anos, sem prejuízo das outras penas previstas neste artigo.
>
> § 2º Se da prática do crime previsto no caput resultar morte, e as circunstâncias demonstrarem que o agente não quis o resultado nem assumiu o risco de produzi-lo, a pena privativa de liberdade é de reclusão de 5 (cinco) a 10 (dez) anos, sem prejuízo das outras penas previstas neste artigo. (Brasil, 1997)

Nesse caso, o crime disposto no *caput* do artigo é relacionado à incolumidade pública e privada, ou seja, a materialidade do crime tem de restar comprovada, estando caracterizado que existiu um perigo que colocou a coletividade em risco iminente.

O entendimento de tal artigo é simples. Para participar de competição automobilística, exibição ou demonstração de destreza em manobra de veículo automotor, deve haver autorização prévia da autoridade competente, para que esta fiscalize a segurança dos participantes e das pessoas que estarão presentes no evento. Tal situação de legalidade é prevista no art. 67 do CTB, que diz:

> Art. 67 – As provas ou competições desportivas, inclusive seus ensaios, em via aberta à circulação, só poderão ser realizadas mediante prévia permissão da autoridade de trânsito com circunscrição sobre a via e dependerão de:
>
> I – autorização expressa da respectiva confederação desportiva ou de entidades estaduais a ela filiadas;
>
> II – caução ou fiança para cobrir possíveis danos materiais à via;
>
> III – contrato de seguro contra riscos e acidentes em favor de terceiros;
>
> IV – prévio recolhimento do valor correspondente aos custos operacionais em que o órgão ou entidade permissionária incorrerá.
>
> Parágrafo único. A autoridade com circunscrição sobre a via arbitrará os valores mínimos da caução ou fiança e do contrato de seguro. (Brasil, 1997)

Esses condutores também estão sujeitos à aplicação da multa prevista no art. 174 do CTB, de natureza gravíssima, que pune os promotores de prova de competição e prevê a multiplicação da infração, a suspensão do direito de dirigir e a consequente apreensão do veículo envolvido na situação.

A suspensão do direito de dirigir prevista no art. 308 do CTB também consta na Resolução n. 182/2005 do Contran, em seu art. 16, inciso I, que prevê a suspensão pelo período de 4 a 12 meses. Já a apreensão do veículo automotor está prevista na Resolução n. 53/1998, em seu art. 3º, que prevê a apreensão de 21 a 30 dias. É importante dizer que a cassação da habilitação se dá nos casos de reincidência (art. 263, II, CTB).

Dependendo o grau da natureza da infração prevista no art. 308 do CTB, pode o Delegado de Polícia interpretar tal situação como uma simples contravenção penal, conforme previsão do art. 34 da Lei n. 3.688, de 3 de outubro de 1941.

O art. 309 do CTB, por sua vez, afirma:

> Art. 309 – Dirigir veículo automotor, em via pública, sem a devida Permissão para Dirigir ou Habilitação ou, ainda, se cassado o direito de dirigir, gerando perigo de dano:
>
> Penas – detenção, de seis meses a um ano, ou multa. (Brasil, 1997)

Para que ocorra o crime previsto nesse artigo, é essencial que exista um perigo de dano, ou seja, o condutor deve estar colocando em risco de danos os demais usuários das vias públicas. Observe que esse perigo tem de ser comprovado, não podendo ser apenas presumido. Aqui estamos falando de uma condução anormal de veículo automotor, pois, caso o condutor estivesse conduzindo dentro da normalidade, não estaria cometendo esse tipo de crime, e sim o previsto administrativamente no art. 162, inciso I, do CTB.

Nesse tipo de crime poderá ocorrer também o disposto no art. 310, caso em que o veículo conduzido é de propriedade de outra pessoa. Vejamos o art. 310 a seguir.

O art. 310 do CTB, então, prevê:

> Art. 310 – Permitir, confiar ou entregar a direção de veículo automotor a pessoa não habilitada, com habilitação cassada ou com o direito de dirigir suspenso, ou, ainda, a quem, por seu estado de saúde, física ou mental, ou por embriaguez, não esteja em condições de conduzi-lo com segurança:
>
> Penas – detenção, de seis meses a um ano, ou multa. (Brasil, 1997)

Aqui, o crime tipificado é de mera conduta, pois deriva apenas de uma conduta individual, e não de um resultado. Nesse caso, para que se configure crime, basta apenas permissão, confiança ou entrega do veículo, de acordo com o disposto no artigo, para que o crime de trânsito seja cometido. Tal crime tem correlação com as infrações administrativas previstas nos arts. 163, 164 e 166 do CTB, podendo o infrator ser punido na esfera criminal e administrativa e quem o comete é apenas o proprietário do veículo. É importante saber que as condutas de entregar o veículo (art. 163) e de permitir a direção (art. 164) não se diferenciam na esfera penal. No entanto, em alguns casos previstos nos artigos citados, não será imputado o crime do art. 310 – por exemplo, não sendo crime a entrega ou a permissão do veículo à pessoa com CNH de categoria diferente e/ou com exame médico vencido, casos em que se aplicará apenas as infrações administrativas (art. 162, II, V, VI, CTB).

Dessa forma, o crime previsto em comento deve ser sempre observado em consonância com o disposto nos arts. 163, 164 e 166, pois, dependendo da situação poderíamos estar apenas diante da incidência de infração administrativa ou de outros casos de crimes previstos no art. 310 do CTB.

Em alguns casos em que o proprietário do veículo é apenas documental, pois este foi vendido e não foi transferido, deverá ser realizada uma averiguação para identificar com clareza quem é o proprietário ou possuidor do veículo.

O art. 311 do CTB dispõe que:

> Art. 311 - Trafegar em velocidade incompatível com a segurança nas proximidades de escolas, hospitais, estações de embarque e desembarque de passageiros, logradouros estreitos, ou onde haja grande movimentação ou concentração de pessoas, gerando perigo de dano:
>
> Penas - detenção, de seis meses a um ano, ou multa. (Brasil, 1997)

Trata-se de crime de trânsito aplicável ao condutor de veículo que trafega em velocidade incompatível com a segurança em alguns locais, indicados no artigo anterior, que estejam em velocidade incompatível com a segurança suficiente para gerar perigo a terceiros. Ou seja, o crime só vai acontecer se a velocidade for incompatível o suficiente para gerar perigo a terceiros.

Esse artigo está diretamente correlacionado com o disposto no art. 220 do CTB, que dispõe:

> Art. 220 – Deixar de reduzir a velocidade do veículo de forma compatível com a segurança do trânsito:
>
> **I – quando se aproximar de passeatas, aglomerações, cortejos, préstitos e desfiles**:
>
> Infração-gravíssima;
>
> Penalidade – multa;
>
> [...]
>
> **XIV – nas proximidades de escolas, hospitais, estações de embarque e desembarque de passageiros ou onde haja intensa movimentação de pedestres**:
>
> Infração – gravíssima;
>
> Penalidade – multa. (Brasil, 1997, grifo nosso)

É importante ressaltar que aqui não estamos falando da infração dos arts. 218 e 219 do CTB (excesso de velocidade e velocidade abaixo da permitida, respectivamente), pois nesse caso não existe a necessidade de aferição da velocidade; o agente da autoridade de trânsito simplesmente vai analisar a situação e verificar se a velocidade a que o condutor está é incompatível com a circunstância de fato.

Nesse contexto, mesmo se o veículo estiver a 30 km/h, se colocar as pessoas em risco, o condutor será autuado. O agente de trânsito deverá observar o local e o horário da situação, analisando se o condutor está realizando uma direção defensiva, com a velocidade compatível à segurança do local onde está transitando. Ou seja, o condutor deverá estar a uma velocidade que lhe dê segurança para ter total controle do veículo, caso contrário, estará colocando em risco (gerar perigo de dano) outras pessoas e cometerá o crime previsto no art. 311 do CTB.

Caso não coloque em dano outras pessoas, o condutor sofrerá apenas as sanções dispostas no art. 220 do CTB (administrativamente, e não criminalmente).

A seguir, analisaremos o art. 312 do CTB, o qual preconiza:

> Art. 312 – Inovar artificiosamente, em caso de acidente automobilístico com vítima, na pendência do respectivo procedimento policial preparatório, inquérito policial ou processo penal, o estado de lugar, de coisa ou de pessoa, a fim de induzir a erro o agente policial, o perito, ou juiz:
>
> Penas – detenção, de seis meses a um ano, ou multa.
>
> Parágrafo único. Aplica-se o disposto neste artigo, ainda que não iniciados, quando da inovação, o procedimento preparatório, o inquérito ou o processo aos quais se refere. (Brasil, 1997)

Esse crime é cometido na modalidade **dolosa**, diante de situação conhecida como *fraude processual no trânsito*, a qual tem como principal objetivo induzir ao erro o agente policial, o agente de trânsito e/ou o juiz. Tal artigo tem como referência a fraude processual penal, devidamente conceituada no art. 347 do CP: “Inovar artificiosamente, na pendência de processo civil ou administrativo, o estado de lugar, de coisa ou de pessoa, com o fim de induzir a erro o juiz ou o perito" (Brasil, 1940).

Esse crime está tipificado na conduta de "inovar artificiosamente" o lugar, a coisa e a pessoa. Por exemplo, pode ser praticado por qualquer pessoa que altere a cena do crime no intuito de fazer crer que foi em outro local e sob outras perspectivas, retire vestígios do veículo a fim de enganar a investigação criminal ou faça outra pessoa se passar pelo condutor.

O artifício aventado no artigo deve ser utilizado para atrapalhar a persecução criminal, sempre em relação às vítimas de lesão corporal e/ou homicídio no trânsito, tendo em vista que o tipo de crime aqui disposto só ocorrerá quando existir vítima.

Não estamos falando aqui do cometimento da infração tipificada no art. 176, inciso III: "deixar o condutor envolvido em acidente com vítima: [...] III – de preservar o local, de forma a facilitar os trabalhos da polícia e da perícia" (Brasil, 1997), ou seja, não é uma simples infração de trânsito. No art. 312 do CTB, o crime pode ser cometido por qualquer pessoa, não necessariamente apenas pelo condutor que se envolveu no acidente e provocou lesão corporal e/ou homicídio na condução de veículo automotor. Sendo assim, esse crime, por exemplo, pode ser cometido por qualquer pessoa que tiver o intento de atrapalhar a investigação criminal (judicial) e a apuração do verdadeiro culpado.

Ao final, o art. 312 dispõe no parágrafo único: "Aplica-se o disposto neste artigo, ainda que não iniciados, quando da inovação, o procedimento preparatório, o inquérito ou o processo aos quais se refere" (Brasil, 1997), ou seja, não importa o momento em que foi realizado o crime, se antes da chegada da autoridade ou durante o procedimento para apuração, o autor da fraude processual vai ser punido.

O art. 312-A do CTB, por sua vez, dispõe:

> Art. 312-A - Para os crimes relacionados nos arts. 302 a 312 deste Código, nas situações em que o juiz aplicar a substituição de pena privativa de liberdade por pena restritiva de direitos, esta deverá ser de prestação de serviço à comunidade ou a entidades públicas, em uma das seguintes atividades:
>
> I - trabalho, aos fins de semana, em equipes de resgate dos corpos de bombeiros e em outras unidades móveis especializadas no atendimento a vítimas de trânsito;
>
> II - trabalho em unidades de pronto-socorro de hospitais da rede pública que recebem vítimas de acidente de trânsito e politraumatizados;
>
> III - trabalho em clínicas ou instituições especializadas na recuperação de acidentados de trânsito;
>
> IV - outras atividades relacionadas ao resgate, atendimento e recuperação de vítimas de acidentes de trânsito. (Brasil, 1997)

O art. 312-A dispõe sobre a possibilidade da aplicação de "substituição de pena privativa de liberdade por pena restritiva de direitos" (Brasil, 1997) em relação aos crimes previstos nos arts. 302 a 312. A substituição da pena será por prestação de serviço à comunidade ou entidades públicas constantes nos incisos do artigo. Tal situação, antes mesmo do CTB, já era prevista no art. 43, inciso IV, do CP, que dispõe: "As penas restritivas de direito são: [...] IV – prestação de serviço à comunidade ou a entidades públicas". Cabe, então, ao juiz analisar todas as situações envolvendo os crimes dispostos nos arts. 302 a 312 a fim de verificar a possibilidade legal de aplicação ou não do disposto no art. 302 do CTB.

Vamos recapitular nosso estudo com um resumo dos crimes de trânsito e das penas previstas no quadro a seguir.

Em síntese

Crimes de trânsito		
Artigo	**Crime praticado**	**Pena prevista**
302	Praticar homicídio culposo na direção de veículo automotor.	Detenção de dois a quatro anos e suspensão ou proibição de se obter a permissão ou habilitação para dirigir veículo automotor.
303	Praticar lesão corporal culposa na direção de veículo automotor.	Detenção de seis meses a dois anos e suspensão ou proibição de se obter a permissão ou a habilitação para dirigir veículo automotor.
304	Deixar o condutor do veículo, na ocasião do acidente, de prestar imediato socorro à vítima ou, não podendo fazê-lo diretamente, por justa causa, deixar de solicitar auxílio da autoridade pública.	Detenção de seis meses a um ano ou multa, se o fato não constituir elemento de crime mais grave.

(continua)

(continuação)

Crimes de trânsito		
Artigo	Crime praticado	Pena prevista
305	Afastar-se o condutor do veículo do local do acidente, para fugir à responsabilidade penal ou civil que lhe possa ser atribuída.	Detenção de seis meses a um ano ou multa.
306	Conduzir veículo automotor com capacidade psicomotora alterada em razão da influência de álcool ou de outra substância psicoativa que determine dependência.	Detenção de seis meses a três anos multa e suspensão ou proibição de se obter a permissão ou a habilitação para dirigir veículo automotor.
307	Violar a suspensão ou a proibição de se obter a permissão ou a habilitação para dirigir veículo automotor imposta com fundamento neste código ou deixar de entregar, no prazo estabelecido no § 1º do artigo 293, a Permissão para Dirigir ou a Carteira de Habilitação.	Detenção de seis meses a um ano e multa, com nova imposição adicional de idêntico prazo de suspensão ou de proibição.
308	Participar, na direção de veículo automotor, em via pública, de corrida, disputa ou competição automobilística não autorizada pela autoridade competente, desde que resulte dano potencial à incolumidade pública ou privada.	Detenção de seis meses a dois anos, multa e suspensão ou proibição de se obter a permissão ou a habilitação para dirigir veículo automotor.
309	Dirigir veículo automotor, em via pública, sem a devida Permissão para Dirigir ou Habilitação ou, ainda, se cassado o direito de dirigir, gerando perigo de dano.	Detenção de seis meses a um ano ou multa.

(continua)

(conclusão)

Crimes de trânsito		
Artigo	**Crime praticado**	**Pena prevista**
310	Permitir, confiar ou entregar a direção de veículo automotor a pessoa não habilitada, com habilitação cassada ou com o direito de dirigir suspenso, ou, ainda, a quem, por seu estado de saúde, física ou mental, ou por embriaguez, não esteja em condições de conduzi-lo com segurança.	Detenção de seis meses a um ano ou multa.
311	Trafegar em velocidade incompatível com a segurança nas proximidades de escolas, hospitais, estações de embarque e desembarque de passageiros, logradouros estreitos, ou onde haja grande movimentação ou concentração de pessoas, gerando perigo de dano.	Detenção de seis meses a um ano ou multa.
312	Inovar artificiosamente, em caso de acidente automobilístico com vítima, na pendência do respectivo procedimento policial preparatório, inquérito policial ou processo penal, o estado de lugar, de coisa ou de pessoa, a fim de induzir a erro o agente policial, o perito, ou juiz.	Detenção de seis meses a um ano ou multa.

Fonte: Elaborado com base em Brasil, 1997.

Com relação aos crimes de espécie, houve constantes modificações nos textos legais, pois o legislador, ao longo dos anos, passou a corrigir o texto da lei.

Isso fica explícito no art. 302 do CTB, que foi modificado cinco vezes nos últimos oito anos, sendo a última modificação em 2007. Com o aumento da pena para o condutor que estiver "sob a influência de álcool ou de qualquer outra substância psicoativa que determine dependência", a pena reclusão de dois a quatro anos passou a ser "de cinco a oito anos, e suspensão ou proibição do direito de se obter a permissão ou a habilitação para dirigir veículo automotor" (Brasil, 1997).

As alterações procuram punir com maior severidade aqueles que praticam homicídio culposo sob influência de álcool e/ou de substâncias psicoativas. Como a pena máxima é superior a quatro anos, não caberá fiança arbitrada pelos delegados de polícia – somente o juiz poderá analisar a soltura do detido e arbitrar fiança. Tais modificações foram no sentido de tentar diminuir o número de acidentes com morte.

O art. 303 também sofreu mudanças em 2014 e em 2017, esta última pela Lei n. 13.546/2017, na qual foi incluído o parágrafo 2° tipificando a pena privativa de liberdade no caso de lesão corporal culposa, passando a constar o seguinte:

> § 2° A pena privativa de liberdade é de reclusão de dois a cinco anos, sem prejuízo das outras penas previstas neste artigo, se o agente conduz o veículo com capacidade psicomotora alterada em razão da influência de álcool ou de outra substância psicoativa que determine dependência, e se do crime resultar lesão corporal de natureza grave ou gravíssima. (Brasil, 1997)

Novamente o legislador tenta demostrar para o condutor o perigo de conduzir o veículo nas condições expostas nesse parágrafo.

Já o art. 308 do CTB teve duas modificações do *caput*. A primeira ocorreu em 2014 e a segunda se deu por meio da Lei n. 13.546, de 19 de dezembro de 2017, momento em que o legislador fez a seguinte mudança:

> Art. 308 – Participar, na direção de veículo automotor, em via pública, de corrida, disputa ou competição automobilística, ou ainda de exibição ou demonstração de perícia em manobra de veículo automotor, não autorizada pela autoridade competente, gerando situação de risco à incolumidade pública ou privada: [Redação dada pela Lei n. 12 971, de 2014, e alterada pela Lei n. 13.546, de 2017]. (Brasil, 1997)

A pena foi majorada, passando a ser de seis meses a três anos, multa e medida administrativa de proibição de obter a permissão ou a habilitação para dirigir veículo automotor. Dessa forma, tendo em vista que a pena é superior a dois anos, a competência deixou de ser do Juizado Especial, passando para a justiça comum. Ou seja, com a modificação, o art. 308 passou a ser considerado conduta criminosa, e não apenas um ato passível de multa e sanção administrativa.

Tais atitudes dos legisladores consideraram a grande dificuldade em levar os casos de homicídios e tentativas de homicídios no trânsito para serem julgados nos Tribunais do Júri. Muitas vezes, torna-se quase impossível a caracterização dos crimes de trânsito no que preconiza o art. 121 do CP.

Recentemente, no Brasil, vimos algumas decisões que levaram casos de homicídio a serem julgados no Tribunal do Júri. Para refletirmos sobre a punição dos infratores e criminosos de trânsito, trouxemos para nosso estudo um caso real, que marcou a vida dos cidadãos paranaenses.

Trata-se do emblemático caso do deputado estadual do Estado do Paraná, Luiz Fernando Ribas Carli Filho, que, em 2018, depois de mais de 10 anos do acidente de trânsito que vitimou Gilmar Rafael Yared e Carlos Murilo de Almeida, foi condenado a 9 anos e 4 meses por duplo homicídio com dolo eventual.

O acidente foi horrível, conforme relatos das testemunhas. O carro do então deputado levantou voo e passou por cima do veículo que as vítimas ocupavam. Carli Filho é réu confesso do crime, pois estava embriagado no momento do "acidente" e confessou em seu depoimento ter bebido no dia em que ocorreu. Conforme investigações, Carli Filho dirigia em altíssima velocidade, cerca de 163 km/h, estava com a CNH cassada: tinha 130 pontos, 30 multas, sendo 23 por excesso de velocidade.

O júri entendeu que, ao se embriagar e conduzir o veículo, o réu assumiu a responsabilidade pelas mortes (dolo eventual), respondendo por homicídio, constante no art. 121 do CP.

No dia 7 de fevereiro de 2019, o recurso de apelação foi julgado, reduzindo a pena para 7 anos, 4 meses e 20 dias de prisão no regime semiaberto.

Como na cidade onde o réu reside não há albergue ou colônia penal, o réu está cumprindo a pena com o uso de tornozeleira eletrônica.

O julgamento de Carli Filho, com certeza, servirá de jurisprudência para outros casos similares.

No entanto, ainda restará uma discussão constante em relação à pena imposta, pois foram duas vidas que se perderam, a troco de 7 anos, 4 meses e 20 dias de prisão em regime semiaberto.

Tal condenação foi um exemplo para a sociedade?

A pena imputada ao réu foi suficiente para reeducar o réu em relação ao crime cometido?

Houve punição?

Fica a cargo de você, leitor, analisar o caso em tela e tomar seu posicionamento em relação à aplicação da Lei de Trânsito e da Lei Penal no caso. Foi feita a dita justiça?

Curiosidade

Analisando os dados do Observatório Nacional de Segurança Viária (2020), chegamos ao surpreendente número de 38.651 mortes registradas no Brasil envolvendo acidentes de trânsito em todos os modais. Conforme veremos nos gráficos a seguir, as mortes no Brasil por acidentes automobilísticos superam em muito o número de mortes registradas em várias guerras mundo afora. Vidas que poderiam ser salvas apenas com a conscientização dos usuários do trânsito, com mais investimentos em estrutura física das vias públicas, fiscalizações e também com ações (políticas públicas) voltadas à educação de trânsito.

Gráfico 4.1 – Mortes em acidente de trânsito no Brasil – modais: 2015

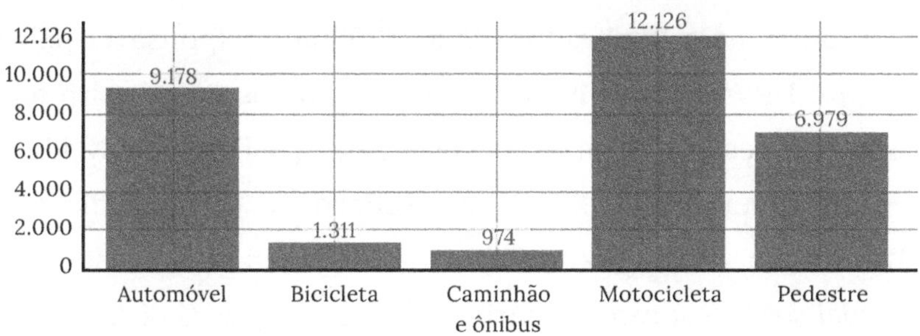

O próximo gráfico nos dá um parâmetro dos números de mortes no trânsito em relação à proporção para cada 100 mil habitantes que ocorreram no Brasil no período entre 2000 e 2015.

Gráfico 4.2 – Mortes por 100 mil habitantes no Brasil – 2000 a 2015

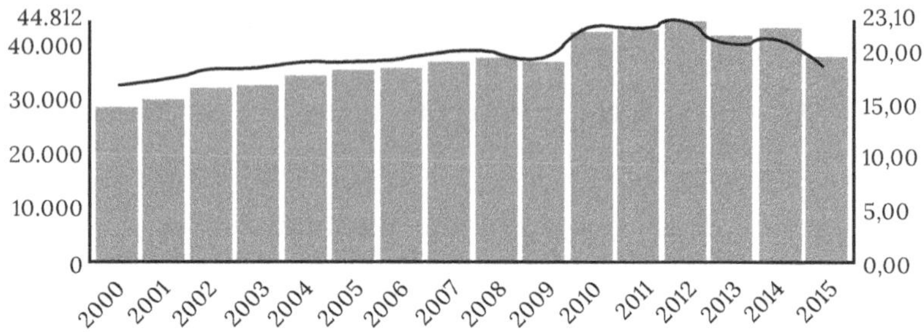

"De acordo com os últimos dados divulgados pelo Ministério da Saúde, **em 2017 foi registrado um total de 35,3 mil mortes**" (ONU quer reduzir..., 2020, grifo nosso). Segundo o Ministério da Saúde, "**em 2018 morreram 32.655 pessoas em decorrência de acidentes de trânsito**. Esse número representa uma queda de 7,7% em relação a 2017" (Czerwonka, 2020b, grifo nosso).

Conforme a Seguradora Líder (2020a), responsável pelo seguro DPVAT, **em 2019, o número de mortes no trânsito foi de 40.721 pessoas**, além de 30.559 pessoas que ficaram inválidas.

Em fevereiro de 2020, foi realizada a conferência de Estocolmo denominada *Terceira Conferência Ministerial Global sobre Segurança Viária: Atingindo Metas Globais 2030*. No documento assinado pelos participantes, restou afirmado que: "A cada ano, os acidentes de trânsito causam a morte de mais de 1,35 milhão de pessoas em todo o mundo, além de

50 milhões de feridos – e segundo a Organização Mundial de Saúde (OMS), os acidentes são a principal causa de morte entre crianças e jovens com idade entre 5 e 29 anos" (ONU..., 2020). Conforme dados da OMS, o "Brasil aparece em quinto lugar entre os países recordistas em mortes no trânsito, precedido por Índia China, Rússia, Índia e Estados Unidos" (Brasil, 2012d).

Capítulo 5

Legislação de trânsito: processo administrativo e aplicação de penalidades de veículos automotores

Quando falamos em *infração de trânsito*, muitas vezes é difícil identificar de fato quem é o real infrator. A quem atribuir a infração? Ao motorista ou ao proprietário do veículo? Existe a possibilidade de multar pessoa jurídica?

Diante de tais questionamentos, trataremos neste capítulo, de forma exemplificada, sobre o verdadeiro infrator no CTB.

Veremos ainda quais são as possibilidades de transformar a multa em advertência, como se dá a defesa prévia, quais os recursos cabíveis e a competência dos órgãos de trânsito em relação aos julgamentos.

Ao final do capítulo, faremos um breve estudo do seguro Danos Pessoais por Veículos Automotores Terrestres (DPVAT) e veremos de forma resumida as recentes alterações do Código de Trânsito Brasileiro (CTB) e os temas atuais em discussão para possíveis modificações no CTB.

— 5.1 —
O real infrator

Iniciaremos este capítulo analisando quem é o **real infrator**. Conforme analisamos anteriormente, cabe aos agentes de trânsito aplicar as sanções previstas no CTB. No entanto, quem são os verdadeiros infratores? Para quem os agentes de trânsito devem destinar as multas?

Muitas vezes, a multa é aplicada apenas para o condutor; outras vezes, para o condutor e o proprietário do veículo, e em outras, ainda, as multas são presumidas, ou seja, o infrator de trânsito pode ser: identificado, indicado ou presumido. Sobre isso, observe o quadro a seguir.

Quadro 5.1 – Real infrator

Identificado	É aquele que foi identificado no momento do auto de infração, o qual deve ser assinado pelo infrator e no qual é feita a anotação do prontuário do condutor (número de registro de habilitação).
Indicado	Nesse caso, o infrator não é identificado, devendo o proprietário do veículo indicar o infrator.
Presumido	Caso em que o proprietário do veículo deixa de informar o infrator e então presume-se que ele próprio é o infrator.
Somente nas infrações atribuídas ao condutor é possível fazer a indicação do infrator, pois, nos casos de infrações atribuídas ao proprietário, é ele quem vai ser responsabilizado pela infração.	

Nos casos das sociedades de arrendamento mercantil, a notificação será encaminhada diretamente ao arrendatário, pois, para fins administrativos, ele é considerado proprietário por equiparação, tendo as mesmas obrigações do proprietário em relação à indicação do infrator e seus dados. É por isso que a arrendadora deve, no momento da contratação, informar ao órgão ou à entidade do executivo de trânsito os dados do arrendatário; caso contrário, será responsabilizada pela infração de trânsito, sendo penalizada como pessoa jurídica – conforme a Resolução n. 710/2017 do Conselho Nacional de Trânsito (Contran).

A Lei n. 13.103, de 2 de março de 2015 (Brasil, 2015a), conhecida como *Lei dos Caminhoneiros*, em seu artigo 259, parágrafo 4º, preleciona, em suma, que os motoristas profissionais não serão punidos pelas infrações cometidas pelos usuários (passageiros) do serviço do transporte rodoviário de passageiros.

— 5.2 —
Da possibilidade de transformar a infração em advertência por escrito

A Resolução do Contran n. 619, de 6 de setembro de 2016 (Brasil, 2016), regulamenta o processo administrativo de multa e advertência por escrito. Desde o momento da autuação, a administração terá um prazo para notificar por escrito o tipo de penalidade – se multa ou advertência (nos casos de multas, de natureza médias e leves) –, desde que o infrator não tenha reincidência (não tenha cometido infrações) específica nos últimos 12 meses, ou seja, não há possibilidade de pedir duas transformações de infração em advertência no prazo de 12 meses. Tal situação é similar à contagem de pontos da CNH: valem apenas a infrações cometidas no período de 1 (um) ano. Tal dispositivo está devidamente expresso no art. 267 do CTB, que diz:

> Art. 267 – Poderá ser imposta a penalidade de advertência por escrito à infração de natureza leve ou média, passível de ser

> punida com multa, não sendo reincidente o infrator, na mesma infração, nos últimos doze meses, quando a autoridade, considerando o prontuário do infrator, entender esta providência como mais educativa. (Brasil, 1997)

Tal situação está regulamentada no art. 10 da Resolução n. 619/2016, ficando definido que, nos casos de advertência por escrito, não será atribuída multa no prontuário do infrator.

Para fazer a transformação de infração em advertência, o condutor deverá se dirigir ao Detran da competência territorial munido de fotocópia da CNH e da notificação da multa e, então, solicitar o formulário padrão para conversão da infração em advertência para o devido preenchimento. Depois disso, o Detran analisará o pedido e, no prazo de até 30 dias, poderá denegá-lo e/ou enviar a devida advertência por escrito pelos Correios.

Em alguns estados e municípios da Federação, a prática é automática, de ofício, ou seja, não é necessário realizar qualquer requerimento, pois as multas, nos casos específico, são convertidas em advertência sem a necessidade de solicitação. É importante ressaltar que a transformação da multa de ofício em advertência não acontece em todos os órgãos e entidades executivos de trânsito e rodoviários.

É relevante também observar que a advertência por escrito não tem nenhum valor pecuniário para o condutor do veículo automotor.

— 5.3 —
Da possibilidade de imputar a multa à pessoa jurídica por falta de apresentação do verdadeiro infrator

Os veículos automotores podem ser registrados (licenciados) em nome de pessoa física e de pessoa jurídica. Como proceder, então, perante as questões relacionadas às infrações cometidas por veículos de propriedade de pessoa jurídica? Em algumas ocasiões, não é possível ao agente de trânsito identificar o condutor do veículo de propriedade de pessoa jurídica (há tempo apenas de anotar a placa). Nessas situações, a quem é atribuída as multas de trânsito cometidas por veículos de propriedade de pessoa jurídica? Vejamos o que diz o art. 257, parágrafo 7°, do CTB:

> § 7° Não sendo imediata a identificação do infrator, o principal condutor ou o proprietário do veículo terá quinze dias de prazo, após a notificação da autuação, para apresentá-lo, na forma em que dispuser o Conselho Nacional de Trânsito (Contran), ao fim do qual, não o fazendo, será considerado responsável pela infração o principal condutor ou, em sua ausência, o proprietário do veículo. (Brasil, 1997)

Ou seja, conforme preconiza o artigo, é de responsabilidade exclusiva do proprietário do veículo indicar o verdadeiro infrator. No entanto, o artigo aduz que, caso o proprietário assim não o faça, a multa seja atribuída a ele. O que acontece no caso de veículos de pessoa jurídica que não apresentam o verdadeiro condutor? Veja o que traz o parágrafo 8º desse mesmo artigo:

> § 8º Após o prazo previsto no parágrafo anterior, não havendo identificação do infrator e sendo o veículo de propriedade de pessoa jurídica, será lavrada nova multa ao proprietário do veículo, mantida a originada pela infração, cujo valor é o da multa multiplicada pelo número de infrações iguais cometidas no período de doze meses. (Brasil, 1997)

Essa questão está expressa na Resolução n. 710/2017 do Contran.

A multa atribuída à pessoa jurídica é considerada na forma imprópria, pois é aplicada somente na falta de apresentação do condutor (real infrator) no prazo de 15 dias após a notificação. A multa é gerada automaticamente pelo sistema da administração. O valor da multa a ser pago pela pessoa jurídica será obtido pela multiplicação do valor previsto para multas iguais cometidas no período de 12 meses.

— 5.4 —

Processo administrativo de trânsito: defesa prévia e recursos

O processo administrativo de aplicação de penalidades no trânsito é composto por identificação, comprovação, formas de autuação, regularidade da infração, prazos, defesa prévia e recursos. Para iniciarmos nosso estudo sobre esse tema, é importante observarmos o significado das palavras a seguir, relacionadas ao processo administrativo de trânsito:

- ***Autuar*** – É o ato em que o agente de trânsito declara e relata uma infração. Ainda não é uma sanção (art. 24, do CTB).
- ***Notificar*** – É o ato administrativo de notificar, informar sobre algo (notificação da autuação e notificação penalidade (art. 282 do CTB).
- ***Multar*** – É o ato administrativo punitivo aplicado pela autoridade de trânsito; tem natureza de sanção (arts. 256 e 267 do CTB).

Agora que já conhecemos os conceitos de cada uma dessas palavras, podemos passar ao estudo da defesa prévia e dos recursos.

— 5.4.1 — A defesa prévia e os recursos

Como já vimos, a multa é uma sanção aplicada pela autoridade e/ou pelo agente de trânsito. Após a aplicação da multa, o hipotético infrator inicialmente tem o direito à ampla defesa garantido pelo CTB, momento em que, inicialmente, utiliza-se da **defesa prévia**, também chamada de *defesa de autuação* ou *defesa do cometimento da infração*.

A defesa prévia tem como finalidade proporcionar ao infrator a possibilidade de se defender antes da aplicação da **multa**, ou seja, é o momento em que ele contesta a autuação aplicada pela autoridade e/ou pelo agente de trânsito no que diz respeito à veracidade e à regularidade – se a multa é real e se está de acordo com as normas legais.

Dessa forma, a multa somente será aplicada após a análise da defesa prévia. Sendo deferida a defesa, a autuação é cancelada. Caso não seja deferida a defesa prévia no prazo legal (prazo que veremos no próximo tópico), será aplicada a multa.

Após a aplicação da **multa**, abre-se um novo prazo para a apresentação do chamado ***recurso***. O infrator pleiteante, com a apresentação do **recurso**, vai contestar o ato punitivo (a **multa**) realizado pela autoridade de trânsito – conforme o disposto na Súmula n. 312, de 11 de maio de 2005, do Superior Tribunal de Justiça (STJ).

O quadro a seguir apresenta a sequência exposta anteriormente.

Quadro 5.2 – Processo administrativo

Defesa prévia	O ato de autuação possibilita ao infrator prazo para apresentação da defesa prévia, a qual será analisada pela própria autoridade de trânsito. Caso a defesa prévia não tenha sido interposta e/ou se for indeferida pela autoridade de trânsito, esta emitirá a **multa**. Após a aplicação da **multa** o infrator é notificado para apresentação do **recurso**.

(continua)

(Quadro 5.2 – conclusão)

Primeiro recurso	O primeiro **recurso** será interposto e entregue no órgão autuador. Será analisada a tempestividade e encaminhado à Junta Administrativa de Recursos de Infrações (Jari). O prazo para a Jari julgar é de 30 dias. Da decisão da Jari cabe **recurso**.
Segundo recurso (2ª instância)	Da decisão da Jari cabe o segundo recurso no prazo de 30 dias da publicação e/ou da notificação da decisão do julgamento do primeiro recurso. Da decisão da Jari cabe **recurso** pela autoridade que impôs a penalidade por apenas uma vez em outra instância.

Fonte: Elaborado com base em Macedo; Mendes, 2019.

É importante saber que a Súmula Vinculante n. 21 do Supremo Tribunal Federal (STF, 2009) dispensa a obrigatoriedade da multa para apreciação do **segundo recurso**: "É inconstitucional a exigência de depósito ou arrolamento prévios de dinheiro, ou bens para admissibilidade de recurso administrativo". Em relação à competência para julgar o segundo recurso, é importante saber que:

- Penalidades impostas por órgãos e/ou entidades de trânsito da União serão julgados pelo Colegiado Especial. Quando houver apenas uma Junta Administrativa de Recursos de Infrações (Jari) no órgão, o recurso será julgado por seus próprios membros (MP n. 882/2019).
- Penalidades impostas "por órgãos ou entidade de trânsito estadual, municipal ou do Distrito Federal" (Brasil, 1997) serão julgados pelo Conselho Estadual de Trânsito (Cetran) e pelo Conselho de Trânsito do Distrito Federal (Contradife).

No entanto, caso o infrator opte pelo meio de notificação eletrônica e, caso assuma a responsabilidade pelo cometimento da infração sem apresentar defesa prévia ou recurso, poderá realizar o pagamento do valor da multa com desconto, pagando apenas 60% do valor em qualquer fase do processo administrativo, até o vencimento da multa. Tal desconto tem como finalidade a redução de interposição de defesas prévias e recursos desnecessários, evitando assim o gasto público e que se prolonguem os processos administrativos (segundo a Lei n. 13.281, de 4 de maio de 2016).

O art. 290 do CTB trata do "encerramento da instância administrativa de julgamento de infrações e penalidades" (Brasil, 1997), ou seja, o processo administrativo se encerra nas seguintes hipóteses:

> Art. 290 [...]
>
> I - o julgamento do recurso de que tratam os artigos 288 e 289;
>
> II - a não interposição do recurso no prazo legal; e
>
> III - o pagamento da multa, com o reconhecimento da infração e requerimento de encerramento do processo na fase em que se encontra, sem apresente defesa ou recurso. (Brasil, 1997)

Para apresentar a defesa prévia e os recursos, analisaremos no próximo tópico como se dá a comprovação da infração de trânsito.

— 5.4.2 —
Da comprovação da infração de trânsito

Trataremos agora da comprovação da infração de trânsito. O Capítulo XVIII do CTB apresenta o tema relacionado ao processo administrativo de trânsito, amparando-se na resolução do Contran n. 619/2016, que estabelece os procedimentos para aplicação de multa. Inicia-se com o art. 280, que trata da elaboração do auto de infração (ou atuação), da formalidade de um fato típico ocorrido, o qual foi devidamente comprovado pela autoridade de trânsito por meio do agente e/ou de equipamento previamente regulamentado pelo Contran. Tem caráter vinculado, pois está restrito aos limites e à letra da lei (ou seja, se houve ocorrência presenciada ou registrada por equipamentos, a infração deverá ser aplicada, visto que é um ato discricionário), devendo o agente de trânsito autuar o infrator sempre que identificada e comprovada a infração cometida. Nesse contexto, o parágrafo 2º do CTB dispõe:

> § 2º a infração deverá ser comprovada por declaração da autoridade ou do agente da autoridade de Trânsito, por aparelho eletrônico ou por equipamento audiovisual, reações químicas ou qualquer outro meio tecnologicamente disponível, previamente regulamentado pelo CONTRAN. (Brasil, 1997)

Ou seja, conforme exposto no CTB, a infração de trânsito só poderá ocorrer das seguintes formas:

- Pela declaração de autoridade ou agente da autoridade de trânsito.
- Por provas materiais obtidas por meio de equipamentos previamente regulamentados pelo Contran.

Fica evidente que, para a multa ser válida, ela deve ser aplicada por autoridade ou agente de trânsito. No entanto, para **lavrar** a multa não precisa ser necessariamente o agente que verificou a infração, conforme determina o parágrafo 4º do art. 280:

> § 4º O agente da autoridade de trânsito competente para lavrar o auto de infração poderá ser servidor civil, estatutário ou celetista, ou ainda, policial militar designado pela autoridade de Trânsito com jurisdição sobre a via no âmbito de sua competência. (Brasil, 1997)

Dessa forma, asprovas materiais são úteis para compor um processo penal ou cível, no entanto, nem tudo o que está materializado pode ser utilizado como provas. Nesse sentido, Macedo e Mendes, no livro *Curso de legislação de trânsito* (2019, p. 293), dão um bom exemplo em relação à materialidade da prova:

> o disco de tacógrafo, por exemplo, que não serve como meio de prova para constatação da infração de Trânsito de excesso de velocidade, uma vez que o CONTRAN apenas regulamentou o radar como equipamento hábil a aferir este tipo de infração. [...] temos aqui a explicação do porquê um PRF não pode autuar

um condutor por excesso de velocidade com base no velocímetro da viatura ou com base no disco do tacógrafo, que não são equipamentos hábeis para autuação.

Sendo assim, para comprovar uma infração, devem estar presentes os requisitos dispostos no parágrafo 2º do art. 280 do CTB. A seguir dispomos o que traz a Resolução n. 619/2016 do Contran sobre as formas de autuação de trânsito.

1. **Em documento próprio** = auto de infração realizado na folha de papel.
2. **Por registro em talão eletrônico** = realizado isolado ou acoplado a equipamento de detecção de infração regulamentado pelo Contran. Ex.: *palmtops* utilizados pelos órgãos de trânsito.
3. **Por registro em sistema eletrônico de processamento de dados** = realizado quando a infração for detectada por equipamentos provido de registro de imagem, regulamentado pelo Contran. Ex.: radares registradores de imagens.

Fonte: Elaborado com base em Brasil, 2016.

É importante ressaltar que, para a autuação ter regularidade, é necessário que seja preenchida adequadamente, ou seja, não pode a autoridade ou o agente de autoridade de trânsito deixar de preencher os campos obrigatórios dispostos no art. 280 do CTB, que diz:

> Ocorrendo infração prevista na legislação de Trânsito, lavrar-se-á auto de infração, do qual constará:
>
> I - tipificação da infração;
>
> II - local, data e hora do cometimento da infração;
>
> III - caracteres da placa de identificação do veículo, sua marca e espécie, e outros elementos julgados necessários à sua identificação;
>
> IV - o prontuário do condutor, sempre que possível;
>
> V - identificação do órgão ou entidade e da autoridade, ou agente autuador ou equipamento que comprovar a infração;
>
> VI - assinatura do infrator, sempre que possível, valendo esta como notificação do cometimento de infração. (Brasil, 1997)

Nos casos em que não é "possível a autuação em flagrante, o agente de trânsito relatará o fato à autoridade no próprio auto de infração" (Brasil, 1997), informando tudo o que for possível em relação ao veículo e à situação presenciada pelo agente de trânsito, tudo em conformidade com o disposto no art. 280, parágrafo 3º do CTB.

— 5.4.3 — Prazos no processo administrativo

No processo administrativo de trânsito, os prazos são de fundamental importância tanto para os órgãos de trânsito quanto para quem vai se defender. Os prazos constam no quadro a seguir.

Quadro 5.3 – Prazos do processo administrativo

Em regra = 30 dias
Exceções
Defesa prévia e real infrator = 15 dias
Prazo para autoridade, após a tempestividade, enviar o recurso à Jari = 10 dias

Fonte: Elaborado com base em Brasil, 1997.

Dessa forma, a autoridade de trânsito inicialmente deve verificar a regularidade da infração. Após a verificação, **expedirá a notificação** ao proprietário do veículo no **prazo** de 30 dias, no máximo, a partir da data em que a infração foi cometida.

Na maioria dos casos, utiliza-se a remessa postal para envio da notificação. Nesse sentido, é importante ressaltar que a data contada para efeito de prescrição é a data da colocação da **notificação** nos Correios, ou seja, o órgão ou a entidade de trânsito tem 30 dias, após o cometimento da infração, para postar a notificação, e não para notificar.

Dessa forma, deve constar na notificação a data do término para apresentação da defesa da autuação pelo condutor, devidamente identificado, e/ou pelo proprietário do veículo. O prazo máximo para apresentação da defesa prévia é de 15 dias (art. 3º, § 3º, Resolução n. 404 do Contran), a contar da **entrega** da notificação da autuação pelos Correios, e não do dia em que o órgão enviou a notificação.

Caso o infrator não realize a defesa no prazo legal, ou se a defesa não for acolhida, a autoridade de trânsito expedirá a notificação de penalidade. Nessa notificação, a autoridade deve informar "a data do término do prazo para apresentação de recurso pelo responsável pela infração", não podendo o prazo ser "inferior a trinta dias contados da data da notificação da penalidade" (Brasil, 1997).

No entanto, **se o infrator assinar o auto de infração**, será considerado devidamente notificado, passando a correr o prazo para apresentação da defesa da autuação.

Tratando-se de penalidade de multa, a data final do recurso será a data para o recolhimento (pagamento) do valor da multa. Para isso, é importante observar o que consta a seguir.

Primeiro recurso:

1. O recurso será interposto perante o órgão que aplicou a penalidade.
2. A autoridade que aplicou a penalidade terá 10 dias após o recebimento do recurso para enviar o recurso à Jari. No despacho inicial, a autoridade, após analise, deverá informar a tempestividade do recurso.
3. A Jari terá o prazo de 30 dias para julgar o recurso.
4. Se, por motivo de força maior, o recurso não for julgado no prazo de 30 dias, poderá, de oficio ou a pedido do recorrente, passar a ter o efeito suspensivo, que será concedido pela autoridade que impôs a penalidade.

Fonte: Elaborado com base em Brasil, 2012b.

Das decisões da Jari cabe recurso a ser interposto no prazo de 30 dias da publicação e/ou da notificação da decisão. Tal recurso é chamado de ***2º recurso do infrator*** e/ou ***1º recurso da autoridade de trânsito***. O órgão que julgará o recurso terá 30 dias para julgá-lo.

Em relação à **prescrição** no processo administrativo, é importante observar que o art. 1º da Lei n. 9.873, de 23 de novembro de 1999, estabelece o prazo de 5 anos para o direito de exercício de ação punitiva pela Administração Pública Federal (poder de polícia), direta e indireta, a contar da prática do ato infracional, e, no caso de infração continuada e permanente, do dia em que tiver cessado, para apurar infração à legislação em vigor. No caso da pontuação, ou seja, os pontos no prontuário dos motoristas, a contagem de 20 pontos (como já vimos anteriormente) é pelo período de 12 meses. O prazo de prescrição começa a fluir no dia em que o motorista teve incluído em seu prontuário os 20 pontos.

Ainda existe a possibilidade de **prescrição**, segundo o parágrafo 1º do art. 1º do CTB, "no procedimento administrativo **paralisado por mais de três anos**, pendente de julgamento ou despacho, momento em que os "autos serão arquivados de ofício ou mediante requerimento da parte interessada" (Brasil, 1999).

— 5.5 —

O Seguro DPVAT

O Seguro DPVAT tem sua origem no Decreto Lei n. 73 de 1966. Foi recepcionado constitucionalmente como lei complementar, sendo devidamente regulamentado e disciplinado pela Lei n. 6.194, de 19 de dezembro de 1974 (Brasil, 1974).

O DPVAT, conforme rege a Lei n. 6.194, de 19 de dezembro de 1974, é o “Seguro Obrigatório de Danos Pessoais causados por veículos automotores de via terrestre, ou por sua Carga, a pessoas transportadas ou não” (Brasil, 1974).

O Seguro DPVAT tem como finalidade garantir a cobertura a todas as vítimas de acidentes de trânsito em território brasileiro. Ou seja, é um direito de todos os cidadãos acidentados (veículos automotores) em território nacional, sejam motoristas, sejam passageiros, sejam pedestres.

No Brasil, todos os proprietários de veículo sujeitos a registro e a licenciamentos são **obrigados** a pagar o Seguro DPVAT. Trata-se de um instrumento de proteção social, pois oferece diretamente, a todos os cidadãos, cobertura em caso de acidentes de trânsito.

A Lei n. 8.441, de 13 de julho de 199, alterou “os dispositivos da Lei n. 6.194/74, tornando obrigatória a indenização do Seguro DPVAT”, mesmo que o veículo que ocasionou o acidente não seja identificado, “por veículo com seguro não contratado ou vencido” (Seguradora Líder, 2020c).

O Seguro DPVAT é administrado pela **Seguradora Líder** – Administradora do Seguro DPVAT. Essa empresa exerce a função de entidade líder do Consórcio DPVAT, conforme dispõe a portaria da Superintendência de Seguros Privados (Susep) n. 2.797/2007.

O DPVAT tem o objetivo de proteger os cidadãos em território brasileiro em caso de acidentes de trânsito, principalmente os cidadãos de baixa renda, os quais não têm condições de comprar um seguro particular para seus veículos.

Conforme dados da própria Seguradora Líder, citando o Instituto Brasileiro de Geografia e Estatística (IBGE), "mais de 20% das famílias brasileiras vivem com um orçamento mensal de até dois salários mínimos" (Seguradora Líder, 2020c).

Dessa forma, esse seguro tem por finalidade garantir o mínimo de respaldo, assegurando, dessa forma, a frota de veículos que não são protegidos por seguros particulares.

Dados da Seguradora Líder dão conta de que há "menos de 20% da frota brasileira segurada. De cada 10 carros na rua, só 2 têm seguro" (Seguradora Líder, 2020d). Ou seja, o seguro DPVAT tem a função social de proteger a população de baixa renda – cerca de 80% da frota nacional.

Ainda segundo dados da própria seguradora:

> O Brasil está entre os 10 países que apresentam os mais elevados números de óbitos por acidentes de trânsito, responsáveis também por sequelas físicas e psicológicas, principalmente entre a população jovem e em idade produtiva. A cada 15 minutos, uma pessoa morre em um acidente de trânsito no Brasil. (Seguradora Líder, 2020d)

A seguradora ainda mostra os seguintes dados:

- Nos últimos 10 anos, foram indenizados mais de 4 milhões "por morte, invalidez permanente e reembolso de despesas médicas" (Seguradora Líder, 2020d).
- A faixa etária contempla principalmente jovens entre 18 a 34 anos.

O DPVAT, conforme a seguradora, constitui relevante "fonte de receita para a União, dado que 45 % da arrecadação é destinada para o Sistema Único de Saúde (SUS) para custeio da assistência médico-hospitalar às vítimas de acidentes de Trânsito", além de disponibilizar 5% "para investimentos em programas de educação e prevenção de acidentes de trânsito (Seguradora Líder, 2020b) (art. 78, CTB).

Dessa forma, o Seguro DPVAT deve ser visto como ferramenta de proteção da sociedade e da economia do país, pois, com a contribuição obrigatória, além de proteger o cidadão (vítimas) na hora de dificuldade, proporciona ajuda financeira ao Estado, possibilitando investimento no SUS e na prevenção em relação aos acidentes de trânsito.

Tipos de coberturas

Segundo dados da Seguradora Líder (2020c), responsável pelo Seguro DPVAT, existem três formas de cobertura do DPVAT. Observe cada uma delas a seguir.

1. Cobertura em caso de morte: a vítima terá o direito a receber de indenização o valor R$ 13.500,00 (treze mil e quinhentos reais).

2. Cobertura em caso de invalidez permanente: a vítima terá o direito de receber a indenização no valor de até R$ 13.500,00 (treze mil e quinhentos reais), sendo o valor estabelecido de acordo com o local e intensidade da sequela.
3. Cobertura em caso de despesas médicas e suplementares: nesse caso as vítimas serão reembolsadas em relação as despesas médicas e suplementares (remédios etc.) que tiveram durante o tratamento, sendo que o valor pode chegar até R$ 2.700,00 (dois mil e setecentos reais).

A Lei n. 11.945, de 4 de junho de 2009 (Brasil, 2009b), estabelece uma tabela específica para graduação e cálculo da indenização para invalidez permanente parcial. Veja o que preconiza a referida lei:

> Art. 31 - Os arts. 3º e 5º da Lei nº 6.194, de 19 de dezembro de 1974, passam a vigorar com as seguintes alterações:
>
> "Art. 3º Os danos pessoais cobertos pelo seguro estabelecido no art. 2º desta Lei compreendem as indenizações por morte, por invalidez permanente, total ou parcial, e por despesas de assistência médica e suplementares, nos valores e conforme as regras que se seguem, por pessoa vitimada:
>
> I - quando se tratar de invalidez permanente parcial completa, a perda anatômica ou funcional será diretamente enquadrada em um dos segmentos orgânicos ou corporais previstos na tabela anexa, correspondendo a indenização ao valor resultante da aplicação do percentual ali estabelecido ao valor máximo da cobertura; e

> II – quando se tratar de invalidez permanente parcial incompleta, será efetuado o enquadramento da perda anatômica ou funcional na forma prevista no inciso I deste parágrafo, procedendo-se, em seguida, à redução proporcional da indenização que corresponderá a 75% (setenta e cinco por cento) para as perdas de repercussão intensa, 50% (cinquenta por cento) para as de média repercussão, 25% (vinte e cinco por cento) para as de leve repercussão, adotando-se ainda o percentual de 10% (dez por cento), nos casos de sequelas residuais". (Brasil, 2009b)

Dessa forma, a referida lei estabelece previamente os percentuais para pagamento das indenizações do Seguro DPVAT.

Práticas fraudulentas no DPVAT

Conforme podemos observar nas informações da própria Seguradora Líder, o Seguro DPVAT é alvo de milhares de tentativas de golpes (fraudes). Apenas em 2017, ano em que foi modernizado tecnologicamente o sistema do DPVAT, foram detectadas mais de 17.550 tentativas de fraude. Em 2018, a empresa evitou 11.898 fraudes que foram detectadas, evitando a perda de R$ 70 milhões (Seguradora Líder, 2020a).

Ao detectar uma fraude, automaticamente a empresa do Consórcio DPVAT noticia o crime aos órgãos competentes. Em 2018, houve 39 sentenças condenatórias, nas quais 62 pessoas foram condenadas; 33 cancelamentos, suspensões e cassações de registros em órgão de classe, como a Ordem dos Advogados do Brasil (OAB); e ainda 23 prisões no Brasil e no exterior (Seguradora Líder, 2020a).

Nesse sentido, é importante deixar claro que o Seguro DPVAT pode ser pedido pela própria vítima, pelos familiares das vítimas e/ou pelos representantes legais. Não existe a necessidade de intermediário e todo o procedimento é gratuito.

Como solicitar o pedido de Seguro DPVAT?

O pedido do Seguro DPVAT pode ser solicitado diretamente nas agências dos Correios e/ou pelo aplicativo do Seguro DPVAT. Os documentos necessários para abertura da solicitação estão disponíveis para *download* e nas agências dos Correios. Lembrando que os documentos só poderão ser entregues pelas vítimas, pelos familiares e/ou representantes legais. O principal documento é o preenchimento do Formulário de Pedido, apresentado a seguir.

Formulário de pedido do seguro DPVAT
1. É necessário o preenchimento completo de todos os dados, de forma legível e sem rasuras.
2. Os nomes deverão ser informados completos e sem abreviações.
3. No Formulário de Pedido do Seguro DPVAT, é necessário informar a quantidade de filhos, pais, irmãos e avós vivos e falecidos, bem como eventuais nascituros (aquele que já foi concebido, mas ainda não nasceu).
4. É necessário representante legal nos casos de:
Vítima/beneficiário entre 0 a 15 anos (pai, mãe, tutor) ou o incapaz com curador. O Formulário de Pedido do Seguro DPVAT deverá ser preenchido com os dados da vítima/beneficiário e do representante legal (pai, mãe, tutor ou curador). Apenas o representante legal precisará assinar o formulário no campo "assinatura do representante legal".

Vítima/beneficiário entre 16 e 17 anos deve ser assistido por seu representante legal (pai, mãe, tutor). O Formulário de Pedido do Seguro DPVAT deverá ser preenchido com os dados da vítima/beneficiário e assinado por ambos. A vítima/beneficiário deve assinar no campo "assinatura da vítima/beneficiário (declarante)" e o seu representante legal no campo "assinatura do representante legal". O representante legal deve estar devidamente identificado por meio dos seus respectivos documentos.

6. Na cobertura por morte, a assinatura de duas testemunhas é obrigatória no Formulário de Pedido do Seguro DPVAT. Elas devem assinar no campo "testemunhas".

7. Em caso de indenização por morte com mais de um beneficiário, é necessário preencher um Formulário de Pedido do Seguro DPVAT para cada beneficiário.

8. Em caso de não alfabetizado, o Formulário de Pedido do Seguro DPVAT deverá ser preenchido e assinado a rogo (a pedido) por pessoa indicada pela vítima/beneficiário não alfabetizado no campo "assinatura de quem assina a rogo/a pedido", na presença de 02 (duas) testemunhas que também deverão assinar o formulário nos campos "testemunhas". O não alfabetizado também deverá inserir no formulário a sua impressão digital no campo 34 "impressão digital da vítima ou beneficiário não alfabetizado". Nos casos em que o não alfabetizado optar por nomear procurador, este deve assinar no campo "assinatura do procurador".

Fonte: Seguradora Líder, 2020b.

Além de preencher o formulário, o solicitante deverá anexar todos os documentos pertinentes ao acidente, como boletim de ocorrência, laudos médicos, prontuários médicos, receitas, notas fiscais de medicação etc. Os documentos dependerão de cada tipo cobertura solicitada[1].

---

1 A lista dos documentos necessários está disponível por tipo de cobertura do DPVAT em: <https://www.seguradoralider.com.br>. Acesso em: 13 out. 2020. No *site* também constam todas as instruções para que o beneficiário seja representado por terceiros (inclusive advogados).

Em casos especiais, a seguradora poderá solicitar alguns documentos e/ou informações complementares para garantir a segurança das informações e a autenticidade dos documentos apresentados.

Prazos e prescrição do seguro DPVAT

O cidadão, vítima de acidente de trânsito, tem o prazo de três anos da data do acidente para pleitear a proteção do seguro DPVAT, dentro das coberturas previstas em lei. Tal prazo para interpor o pedido de DPVAT administrativamente e/ou juridicamente está pacificado na Súmula n. 405, de 24 de novembro de 2009, do STJ (2009), que diz: "A ação de cobrança do seguro obrigatório (DPVAT) prescreve em três anos".

A partir do protocolo dos documentos, os processos são analisados pela Seguradora, a qual tem o prazo previsto, estabelecido em lei, de 30 dias para liberação da indenização. No entanto, para cumprir com o prazo estabelecido por lei, é importante que os documentos enviados estejam corretos e que a perícia realizada confirme o dano.

— 5.6 —

Recentes alterações do CTB

A Resolução n. 778, de 13 de junho de 2019 (Brasil, 2019f), do Contran, trouxe algumas modificações na formação dos condutores. Em relação à habilitação de condutores de veículos ciclomotores que não excedam 50 cilindradas e cuja velocidade não passe de 50 km/h, a carga horária para obtenção da Autorização para Conduzir Ciclomotores (ACC) foi reduzida: agora são exigidas apenas cinco horas de aula práticas (Czerwonka, 2019b). Outra mudança significativa, constante no parágrafo 14 do art. 8º, é em relação ao Curso de Formação de Condutores: o futuro condutor poderá utilizar de veículo próprio, pois o "CFC [Centro de Formação de Condutores] poderá utilizar veículo próprio ou permitir que o candidato, voluntariamente, apresente veículo para realizá-las" (Brasil, 2019f).

A resolução ainda trouxe outro benefício aos candidatos: no período posterior à publicação da norma, "entre setembro de 2019 e setembro de 2020 [...] os candidatos poderão realizar somente os exames", ou seja, poderão optar por não realizar as aulas"; no entanto, caso o candidato reprove na prova prática, "deverá submeter-se às aulas práticas" (Czerwonka, 2019b).

Em relação à formação de condutores de veículos da categoria B, a mesma resolução trouxe a seguinte mudança, no art. 13, inciso IV, em relação à carga horária do curso prático: "Com o uso facultativo do simulador, a carga horária prática para obtenção da categoria "B" volta a ser de, no mínimo, 20 horas/aula" (Czerwonka, 2019b). Tal mudança foi alvo de crítica pelos CFC e houve várias proposição de várias ações no Brasil, momento em que os Sindicatos dos CFC (SindCFC) pleitearam Antecipação de Tutela para que a resolução fosse suspensa – caso do Estado do Rio Grande do Sul, onde a tutela de urgência foi deferida e houve a suspensão da resolução, abrangendo a categoria representada pelo SindiCFC (E-Condutor, 2020).

A Lei n. 13.855, de 8 de julho de 2019 (Brasil, 2019d), trouxe inovações em relação à punição dos transportes irregulares de bens, pessoas e escolares. A nova regra aumentou a punição, impondo que conduzir o veículo "sem portar a autorização para condução de escolares" (Brasil, 1997) passa a ser infração gravíssima, com multa (multiplicada por 5) no valor de R$ 1.467,35 e remoção automática do veículo (art. 230, XX, CTB). Antes a infração era considerada grave com multa de apenas R$ 195,23. A multa também ficou mais pesada para quem transportar pessoas ou bens de forma remunerada sem autorização (sem ser licenciado para tal finalidade). Antes, a multa era de natureza grave e valor de R$ 130,16; agora a infração passa a ser de natureza gravíssima, no entanto, o valor é de apenas R$ 293,47, com medida administrativa de remoção do veículo.

Como já vimos anteriormente, a fiscalização e a aplicação de multas e notificações para pedestres e ciclistas é muito difícil, tendo em vista a falta de fiscais e a de estrutura das prefeituras Brasil afora. Nesse sentido, a Resolução n. 772, de 28 de fevereiro de 2019 (Brasil, 2019e), revogou a Resolução n. 706/2017, que estabelecia uma padronização de procedimentos administrativos para a lavratura do auto de infração por pedestres e ciclistas. Tal atitude considerou a realidade estrutural das cidades brasileiras e a aplicabilidade da norma, a qual se demostra ineficaz momentaneamente.

Outra mudança recente ocorreu na Lei n. 13.804, de 10 de janeiro de 2019, que trata da "prevenção e repressão ao contrabando, ao descaminho, ao furto, ao roubo e à receptação" (Brasil, 2019c). A lei acrescentou o art. 278-A ao CTB, que diz:

> Art. 278-A – O condutor que se utilize de veículo para a prática do crime de receptação, descaminho, contrabando, previstos nos arts. 180, 334 e 334-A do Decreto-Lei nº 2.848, de 7 de dezembro de 1940 (Código Penal), condenado por um desses crimes em decisão judicial transitada em julgado, terá cassado seu documento de habilitação ou será proibido de obter a habilitação para dirigir veículo automotor pelo prazo de 5 (cinco) anos.
>
> § 1º O condutor condenado poderá requerer sua reabilitação, submetendo-se a todos os exames necessários à habilitação, na forma deste Código.
>
> § 2º No caso do condutor preso em flagrante na prática dos crimes de que trata o caput deste artigo, poderá o juiz, em qualquer fase da investigação ou da ação penal, se houver necessidade para a garantia da ordem pública, como medida cautelar, de ofício, ou a requerimento do Ministério Público ou ainda mediante representação da autoridade policial, decretar, em decisão motivada, a suspensão da permissão ou da habilitação para dirigir veículo automotor, ou a proibição de sua obtenção. (Brasil, 1997)

Em outras palavras, as pessoas que forem condenadas por um dos crimes dispostos na lei terão sua habilitação cassada e o direito de dirigir suspenso por cinco anos, podendo, após esse prazo, realizar novamente os exames necessários à habilitação.

— 5.7 —
Temas em discussão relacionados ao CTB

Sabemos que o CTB e as normas de trânsito estão em constante mudança para facilitar a vida dos usuários do trânsito.

Algumas dessas mudanças foram alvo de recentes discussões. Um dos temas foi a Medida Provisória n. 904, editada em 11 de novembro de 2019 (Brasil, 2019b) pelo presidente da República, que extinguia o pagamento do Seguro DPVAT. No entanto, no dia 19 de dezembro de 2019, o STF (2019), por 6 votos a favor e 3 contra (por maioria), deu deferimento a uma medida cautelar pleiteada pelo partido Rede Sustentabilidade, na Ação Direta de Inconstitucionalidade (ADI) n. 6.262, suspendendo a Medida Provisória. A medida ficará suspensa até que o STF julgue o mérito da ADI, tendo como relator o Ministro Edson Fachin. Tal tema é alvo de discussões na área do direito e da classe política brasileira. Muitos entendem que é um retrocesso nos direitos do cidadão.

Outra questão polêmica no ano de 2019 foi a determinação do presidente Jair Bolsonaro de suspender o uso de equipamentos medidores de velocidade estáticos, móveis e portáteis pela Polícia Rodoviária Federal (PRF) nas rodovias brasileiras. Tal decisão foi considerada ilegal pelo Juiz Dr. Marcelo Monteiro, da 1ª Vara da Seção Judiciária do Distrito Federal, que determinou o reestabelecimento do uso de radares móveis em todo o Brasil (Tajra, 2019). A PRF, atendendo a decisão judicial, voltou a utilizar os radares móveis no dia 23 de dezembro de 2019 (Tajra, 2019).

Ainda em 2019, o presidente da República apresentou o Projeto de Lei n. 3.267, em que sugeria que a validade no exame de aptidão física e mental para realização da renovação da CNH fosse modificada. O projeto inicialmente previa que se aumentasse de 5 anos para 10 anos a validade da CNH para pessoas com idade igual ou inferior a 65 anos; para as pessoas com mais de 65 anos, a renovação passaria a ser a cada 5 anos.

O projeto foi discutido na Câmara dos Deputados, momento em que se apresentou um substitutivo, no sentido de ampliar para 10 anos o prazo para renovação de condutores de até 40 anos de idade até a categoria B; em relação aos motoristas profissionais das categorias C, D e E seria mantido o prazo de 5 anos. Para os condutores com idade de 40 a 70 anos, a renovação aconteceria a cada 5 anos e para os com idade superior a 70 anos, a renovação se daria em 3 anos (Czerwonka, 2020a).

Ainda no mesmo projeto, o presidente sugeriu o aumento da pontuação para suspensão da CNH de 20 pontos para 40 pontos, no período de 12 meses (Czerwonka, 2020a).

No entanto, na Câmara, o substitutivo trouxe a seguinte sugestão para a suspenção da CNH: "Com 20 pontos, se o condutor tiver duas ou mais infrações gravíssimas; com 30 pontos, se tiver apenas uma infração gravíssima; ou 40 pontos, se não constar entre as suas infrações nenhuma infração gravíssima" (Czerwonka, 2020a).

O projeto ainda traz a previsão de que o transporte de crianças sem dispositivos de retenção adaptados ao peso e à idade da criança (cadeirinhas) deixariam de ser punidas com multa; o condutor somente seria advertido por escrito. O substitutivo apresentado pela Câmara dos Deputados mantém a obrigação dos equipamentos de retenção por crianças e propõe que os dispositivos devem ser utilizados obrigatoriamente por crianças até 10 anos de idade e/ou até que atinjam 1 metro e 45 cm de altura.

O substitutivo ainda mantém a penalidade prevista no CTB: multa de natureza grave e retenção do veículo até a resolução do problema. Prevê também a mudança em relação à idade mínima para as crianças transportadas em motocicletas, motonetas e ciclomotores, de 7 anos para 10 anos de idade. O projeto ainda está sendo discutido e não há prazo para ser votado e entrar em vigor.

Curiosidade:

Das coberturas do seguro DPVAT[2]

Conforme informações prestadas pela Seguradora Líder em seu relatório anual de 2019, houve 40.721 mortes no trânsito brasileiro nesse ano. Vamos analisar o gráfico apresentado a seguir.

2 Os dados aqui expostos estão disponíveis em: <https://www.seguradoralider.com.br/Documents/Relatorio-Anual-2019.pdf>. Acesso em: 14 out.2020.

Gráfico 5.1 – Grandes números – Seguro DPVAT

88% das indenizações por morte em acidentes com motocicletas foram para vítimas do sexo masculino.	▪ Cerca de 18 mil indenizações.
A Região Nordeste teve a maior concentração das indenizações pagas.	▪ Mais de 113 mil indenizações.
Motoristas representam 55% das indenizações pagas para acidentes fatais.	▪ 22.276 motoristas.
A faixa etária mais atingida é de 18 a 34 anos.	▪ Mais de 163 mil indenizações.
Total de indenizações pagas: 353.232	▪ 40.721 mortes. ▪ 235.456 pessoas com invalidez permanente. ▪ 77.055 despesas médicas (DAMS)

Fonte: Seguradora Líder, 2020a, p. 42

Conforme podemos observar no gráfico, constatou-se que (Seguradora Líder, 2020a):

- 88% das indenizações por **morte** em acidentes de motocicletas foram para vítimas do sexo masculino, cerca de 18 mil indenizações.
- Motoristas são as principais vítimas de mortes nos acidentes de trânsito: 55% das indenizações pagas de acidentes fatais – 22.276 mortes.

- As vítimas fatais mais atingidas estão na faixa etária de 18 a 34 anos.
- Foram pagas no Brasil, em 2019, 353.232 indenizações do Seguro DPVAT.

Veja na tabela a seguir o panorama e a quantidade de indenizações, além dos tipos de veículos terrestres que ocasionaram os acidentes em 2019.

Tabela 5.1 – Indenizações pagas pelo DPVAT

	Morte	Invalidez permanente	Despesas médicas (DAMS)	Total geral
Automóveis	14.018	30.559	13.532	58.109
Ônibus/ micrônibus e vans	1.249	3.049	1.776	6.074
Ciclomotores	198	1.237	314	1.749
Motocicletas	20.665	194.264	58.738	273.667
Caminhões	4.591	6.347	2.695	13.633
Total geral	40.721	235.456	77.055	353.232

Fonte: Seguradora Líder, 2020a, p. 8.

Na tabela a seguir consta a quantidade de mortes e de indenizações pagas pelo seguro DPVAT nos últimos 10 anos.

Tabela 5.2 – Sinistros pagos – 2009 A 2019

	Cobertura			
	Morte	Invalidez	DAMS	Total geral
2009	93.889	240.379	87.050	421.318
2010	75.246	261.380	81.973	418.599
2011	64.801	337.215	100.759	502.775
2012	63.968	475.897	120.807	660.672
2013	58.050	644.026	137.815	839.891
2014	58.435	917.990	152.726	1.129.151
2015	51.317	876.550	136.189	1.064.056
2016	47.303	616.580	92.053	755.936
2017	50.205	528.381	90.007	668.593
2018	46.848	459.693	90.129	596.670
2019	47.233	445.295	108.189	600.717
Total	657.295	5.803.386	1.197.697	7.658.378

Fonte: Seguradora Líder, 2020a, p. 8.

De acordo com a Tabela 5.2, nos **últimos 10 anos, perdemos no Brasil 525.912** vidas em acidentes de trânsito (Seguradora Líder, 2020a).

Considerações finais

Procuramos trazer neste material um conteúdo que trouxesse aprofundamento e aprimoramento a respeito do direito de trânsito.

Nesta obra, verificamos que os seres humanos transitam pelo mundo desde os seus primórdios. A necessidade de locomoção e de transportar as coisas fez o homem realizar grandes descobertas. Da invenção da roda à máquina a vapor, da máquina a vapor ao motor de combustão, do motor de combustão ao motor elétrico, da Revolução Industrial à revolução tecnológica, tudo impulsionou a construção de estradas, de rodovias e de grandes metrópoles.

Conhecemos os primeiros caminhos, as primeiras estradas, os primeiros veículos em solo brasileiro, aprendemos quem são os usuários do trânsito, quem são os verdadeiros infratores, as formas de penalidades, as medidas administrativas, a defesa prévia e os recursos possíveis diante de uma infração de trânsito.

Infelizmente, ao longo do tempo, os interesses comerciais de grandes indústrias auxiliaram as montadoras de veículos automotores a crescer cada vez mais. Políticas governamentais e sociais facilitaram o desenvolvimento e propiciaram a essas indústrias ganhos milionários. Eis a questão: as políticas públicas equivocadas facilitaram o crescimento e direcionaram as grandes montadoras? Ou esse foi um mal necessário para o desenvolvimento urbano e social?

O fato é que a grande produção de veículos automotores no Brasil não levou em conta o desenvolvimento e a adequação do uso dos espaços públicos, e o uso inadequado desses espaços vem se agravando nos últimos anos. A olho nu, o que observamos nas grandes cidades é o aumento desenfreado de veículos automotores nas ruas e rodovias, ao mesmo tempo que não existem investimentos públicos nem privados em infraestrutura capazes de suportar a frota.

Em nosso estudo, pudemos concluir que estamos diante de milhões de veículos automotores espalhados pelo Brasil e, pior, que os números de acidentes e mortes no trânsito estão crescendo cada vez mais – no último ano foram mais de 40 mil mortes no Brasil. Esses números impressionam, pois a quantidade de mortos vai além que a de muitas guerras espalhadas pelo mundo.

Além das milhares de mortes, muitas pessoas ficam incapacitadas fisicamente e neurologicamente. Algumas ficam mutiladas, outras tantas em estado vegetativo permanente. Assim, conforme observamos, os dados são alarmantes. Como pudemos verificar pelas informações apresentadas, muitas das mortes no trânsito é de vítimas jovens, entre 18 e 34 anos, a maioria esmagadora por consequência do uso de álcool e drogas na direção dos veículos automotores.

Sabemos que ainda falta muito para mudar os conceitos e costumes adquiridos ao longo dos tempos, pois o Estado não consegue implementar uma política educacional com eficiência: falta capacidade humana e investimento em educação de trânsito, infraestrutura e órgãos de trânsito.

Nesse sentido, trouxemos uma discussão atual, nas áreas constitucional e doutrinária, a respeito do princípio da ampla defesa e do contraditório no caso da autoprodução de provas e trabalhamos a legislação de trânsito de forma clara e simples, a fim de proporcionar a você uma compreensão rápida dos assuntos.

Para afirmarmos as conclusões expostas, buscamos trazer para o texto uma série de informações e dados sobre as condições de circulação e de utilização dos espaços públicos, bem como analisamos os dados referente a mortes, indenizações do DPVAT etc.

Procuramos também fazer um paralelo entre a norma constitucional, a norma de trânsito, o direito penal etc., e, de forma transdisciplinar, possibilitar a você, leitor, uma visão do Direito de Trânsito e do Código de Trânsito Brasileiro (CTB) em sentido estrito, para que fosse possível analisar o tema com ênfase nos direitos e deveres do cidadão, bem como nas obrigações e na sujeição deste ao Estado (Administração Pública), compreendido em nossos estudos pelos órgãos do Sistema Nacional de Trânsito (SNT).

Além disso, pudemos trabalhar com os valores voltados ao ser humano, principalmente aqueles relacionados ao princípio da dignidade da pessoa humana. Nesse sentido, tratamos sobre os usuários do trânsito, seus direitos e deveres, ou seja, como cada um deve utilizar e respeitar os espaços públicos.

Observamos as políticas públicas voltadas à educação do trânsito, as quais buscam proporcionar o bem-estar ao cidadão na sua convivência com todos os meios de transporte. Vimos, ainda, a Lei de Mobilidade Social e seus princípios, tratando sobre o que deveria ser feito na prática para que todos vivessem em harmonia.

Finalizando, podemos afirmar que, depois da leitura deste texto, você já não será mais a mesma pessoa. A intenção é que, após o conhecimento aqui adquirido, você construa seu posicionamento, passe a refletir e a questionar o direito de trânsito de forma interdisciplinar.

As referências disponibilizadas neste trabalho foram a base para a elaboração deste material servirão também como incentivo para o aprofundamento dos seus estudos de direito de trânsito.

Acreditamos que este estudo é importante para construção de um bom debate, para refletir sobre a interferência e os impactos que os veículos automotores causam no meio em que vivemos, em especial na ocupação dos espaços públicos.

Esperamos que, ao final deste estudo, você tenha conseguido refletir também sobre as condutas humanas ante os desafios da mobilidade no trânsito brasileiro. O que você pode ter certeza é de que "um novo mundo sempre é possível", depende apenas de você para que tenhamos uma sociedade cada vez melhor e mais justa.

"Se alguma coisa divina existe entre os homens é a justiça."

Rui Barbosa, 1898

Lista de siglas

ABNT	Associação Brasileira de Normas Técnicas
ACC	Autorização para Condutores Ciclomotor
ANTP	Associação Nacional de Transportes Públicos
Apex	Agência Nacional de Transporte Terrestres
CAT	Certificado de adequação à Legislação de Trânsito
CCJC	Comissão de Constituição e Justiça e de Cidadania
CET	Companhia de Engenharia de Tráfego
Cetran	Conselho Estadual de Trânsito
CF	Constituição Federal
CFC	Centro de Formação de Condutores
CNH	Carteira Nacional de Habilitação

Conama	Conselho Nacional de Meio Ambiente
Conmetro	Conselho Nacional de Metrologia, Normalização e Qualidade Industrial
Contradife	Conselho de Trânsito do Distrito Federal
Contran	Conselho Nacional de Trânsito
CPP	Código de Processo Penal
CRFB	Constituição da República Federativa do Brasil
CRLV	Certificado de Registro e Licenciamento do Veículo
CRV	Certificado de Registro de Veículos
CSV	Certificado de Segurança Veicular
CTB	Código de Trânsito Brasileiro
CTVV	Convenção sobre Trânsito Viário de Viena
Denatran	Departamento Nacional de Trânsito
DER	Departamento de Estradas de Rodagem
Detran	Departamento Estadual de Trânsito
DNER	Departamento Nacional de Estrada e Rodagem
DNIT	Departamento Nacional de Infraestrutura de Transporte

Referências

ABNT – Associação Brasileira de Normas Técnicas. **NBR 6066**: Veículos rodoviários automotores – número de identificação de veículos (VIN). Rio de Janeiro, 2009.

ABRACICLO – Associação Brasileira dos Fabricantes de Motocicletas, Ciclomotores, Motonetas, Bicicletas e Similares. **O uso de bicicletas no Brasil**: Qual o melhor modelo de incentivo? Elaboração: Rosenberg Associados – Economia, abr. 2015. Disponível em: <http://www.abraciclo.com.br/linkssitenovo/downloads/ABRACICLO%20ESTUDO%20MODELO%20DE%20INCENTIVO.pdf>. Acesso em: 13 out. 2020.

ALVES, M C. **Peabiru**: uma aventura quinhentista. São Paulo: Biblioteca 24 Horas, 2010.

ARAUJO, J. M. de. **Código de Trânsito Brasileiro Anotado**. 4. ed. São Paulo: Letras Jurídicas, 2009a.

ARAUJO, J. M. de. **Comentário. CTB Digital**. Disponível em: <https://www.ctbdigital.com.br/comentario/comentario183>. Acesso em: 13 out. 2020.

ARAUJO, J. M. de. Legislação de trânsito: competências e incompetências. **Revista Jus Navigandi**, Teresina, ano 14, n. 2.344, 1º dez. 2009b. Disponível em: <https://jus.com.br/artigos/13924>. Acesso em: 13 out. 2020.

ARAUJO, J. M. de. O fechamento da via pública e as responsabilidades dos órgãos de trânsito. **CTB Digital**, 2006. Disponível em: <https://www.ctbdigital.com.br/artigo-comentarista/206>. Acesso em: 13 out. 2020.

BARBOSA, R. **Obras completas**. Rio de Janeiro: Ministério da Educação e Saúde, 1898. v. 25. Tomo 2.

BBC NEWS BRASIL. **Onde a roda foi inventada e por que demoramos tanto para criá-la**. 2017. Disponível em: <https://www.bbc.com/portuguese/internacional-41795604>. Acesso em: 13 out. 2020.

BERWIG, A. **Direito do trânsito**. Ijuí: Unijuí, 2013. (Coleção Educação a Distância; Série Livro-texto).

BOND, R. **História do Caminho do Peabiru**: descobertas e segredos da rota indígena que ligava o Atlântico ao Pacífico. Rio de Janeiro: Aimberê, 2009. v. 1.

BOND, R. **História do Caminho de Peabiru**: descobertas e segredos da rota indígena que ligava o Atlântico ao Pacífico. Rio de Janeiro: Aimberê, 2012. v. 2.

BOND, R. **História do Caminho de Peabiru**: o milenar, desprezado e pouco estudado ramal litorâneo. Rio de Janeiro: Aimberê, 2013. Volume extra.

BONDE de tração animal. Rio de Janeiro, RJ: [s.n.], [19--]. 1 foto, gelatina, p&b, 18,2 x 24,5 cm. Disponível em: http://objdigital.bn.br/objdigital2/acervo_digital/div_iconografia/icon1485735/icon1485735.jpg. Acesso em: 19 out. 2020.

BRANCO, P. G. G. Direitos fundamentais em espécie. In: MENDES, G. F.; COELHO, I. M.; BRANCO, P. G. G. **Curso de direito constitucional**. 4. ed. São Paulo: Saraiva, 2008.

BRASIL. Câmara dos Deputados. **Projeto de Lei n. 3.267/2019a**. Altera a Lei n. 9.503, de 23 de setembro de 1997 (Código de Trânsito Brasileiro); e dá outras providências. Disponível em: <https://www.camara.leg.br/proposicoesWeb/fichadetramitacao?idProposicao=2206203>. Acesso em: 13 out. 2020.

BRASIL. Câmara dos Deputados. **Projeto de Lei n. 6.268/2009a**. Acrescenta o art. 312-A à Lei n.º 9.503, de 23 de setembro de 1997, que institui o Código de Trânsito Brasileiro, a fim de tipificar o crime de obstrução indevida de via pública. Disponível em: <https://www.camara.leg.br/proposicoesWeb/fichadetramitacao?idProposicao=456366>. Acesso em: 13 out. 2020.

BRASIL. Congresso Nacional. Medida Provisória 904, de 11 de novembro de 2019b. **Diário Oficial da União**, 12 nov. 2019b. Disponível em: <https://www.congressonacional.leg.br/materias/medidas-provisorias/-/mpv/139756>. Acesso em: 13 out. 2020.

BRASIL. Constituição (1988). **Diário Oficial da União**, Brasília, 5 out. 1988. Disponível em: <http://www.planalto.gov.br/ccivil_03/constituicao/constituicaocompilado.htm>. Acesso em: 13 out. 2020.

BRASIL. Decreto n. 592, de 6 de julho de 1992. **Diário Oficial da União**, Poder Executivo, Brasília, DF, 7 jul. 1992a. Disponível em: <http://www.planalto.gov.br/ccivil_03/decreto/1990-1994/D0592.htm>. Acesso em: 13 out. 2020.

BRASIL. Decreto n. 86.714, de 10 de dezembro de 1981. **Diário Oficial da União**, Poder Executivo, Brasília, DF, 10 dez. 1981. Disponível em: <http://www. planalto.gov.br/ccivil_03/decreto/1980-1989/D86714.htm>. Acesso em: 13 out. 2020.

BRASIL. Decreto-Lei n. 73, de 21 de novembro de 1966. **Diário Oficial da União**, Poder Executivo, Brasília, DF, 22 nov. 1966. Disponível em: <http://www.planalto.gov.br/ccivil_03/Decreto-Lei/Del0073.htm>. Acesso em: 13 out. 2020.

BRASIL. Decreto-Lei n. 2.848, de 7 de dezembro de 1940. **Diário Oficial da União**, Poder Executivo, Brasília, DF, 31 dez. 1940. Disponível em: <http://www.planalto.gov.br/ccivil_03/decreto-lei/del2848compilado.htm>. Acesso em: 13 out. 2020.

BRASIL. Decreto-Lei n. 3.688, de 3 de outubro de 1941. **Diário Oficial da União**, Poder Executivo, Brasília, DF, 3 out. 1941. Disponível em: <http://www.planalto.gov.br/ccivil_03/decreto-lei/Del3688.htm#:~:text=Molestar%20alguem%20ou%20perturbar%2Dlhe,a%20dois%20contos%20de%20r%C3%A9is.>. Acesso em: 14 out. 2020.

BRASIL. Lei n. 5.108, de 21 de setembro de 1966. **Diário Oficial da União**, Poder Legislativo, Brasília, DF, 21 set. 1966. Disponível em: <http://www.planalto.gov.br/ccivil_03/leis/1950-1969/l5108.htm>. Acesso em: 14 out. 2020.

BRASIL. Lei n. 6.194, de 19 dezembro de 1974. **Diário Oficial da União**, Poder Legislativo, Brasília, DF, 20 dez. 1974. Disponível em: <http://www.planalto.gov.br/ccivil_03/leis/l6194.htm>. Acesso em: 13 out. 2020.

BRASIL. Lei n. 8.441, de 13 de julho de 1992. **Diário Oficial da União**, Poder Legislativo, Brasília, DF, 14 jul. 1992b. Disponível em: <http://www.planalto.gov.br/ccivil_03/leis/L8441.htm>. Acesso em: 13 out. 2020.

BRASIL. Lei n. 9.503, de 23 de setembro de 1997. **Diário Oficial da União**, Poder Legislativo, Brasília, DF, 24 set. 1997. Disponível em: <https://www.camara.leg.br/proposicoesWeb/prop_mostrarintegra;jsessionid=138A9EA5403A7D2751005E6B6150218E.node1?codteor=857557&filename=LegislacaoCitada+-PL+922/2011>. Acesso em: 13 out. 2020.

BRASIL. Lei n. 9.873, de 23 de novembro de 1999. **Diário Oficial da União**, Poder Legislativo, Brasília, DF, 24 nov. 1999. Disponível em: <http://www.planalto.gov.br/ccivil_03/leis/L9873.htm#:~:text=%C2%A7%201o%20Incide%20a,paralisa%C3%A7%C3%A3o%2C%20se%20for%20o%20caso.>. Acesso em: 13 out. 2020.

BRASIL. Lei n. 11.945, de 4 de junho de 2009. **Diário Oficial da União,** Poder Legislativo, Brasília, DF, 5 jun. 2009b. Disponível em: <http://www.planalto.gov.br/ccivil_03/_Ato2007-2010/2009/Lei/L11945.htm>. Acesso em: 13 out. 2020.

BRASIL. Lei n. 12.587, de 3 de janeiro de 2012. **Diário Oficial da União**, Poder Legislativo, Brasília, DF, 4 jan. 2012a. Disponível em: <http://www.planalto.gov.br/ccivil_03/_Ato2011-2014/2012/Lei/L12587.htm>. Acesso em: 13 out. 2020.

BRASIL. Lei n. 13.103, de 2 de março de 2015. **Diário Oficial da União,** Poder Legislativo, Brasília, DF, 3 mar. 2015a. Disponível em: <http://www.planalto.gov.br/ccivil_03/_Ato2015-2018/2015/Lei/L13103.htm>. Acesso em: 13 out. 2020.

BRASIL. Lei n. 13.281, de 4 de maio de 2016. **Diário Oficial da União**, Poder Legislativo, Brasília, DF, 4 maio 2016 Disponível em: <http://www.planalto.gov.br/ccivil_03/_ato2015-2018/2016/lei/l13281.htm>. Acesso em: 14 out. 2020.

BRASIL. Lei n. 13.546, de 19 de dezembro de 2017. **Diário Oficial da União**, Poder Legislativo, Brasília, DF, 19 dez. Disponível em: <http://www.planalto.gov.br/ccivil_03/_ato2015-2018/2017/lei/L13546.htm>. Acesso em: 14 out. 2020.

BRASIL. Lei n. 13.804, de 10 de janeiro de 2019. **Diário Oficial da União,** Poder Legislativo, Brasília, DF, 11 jan. 2019c. Disponível em: <http://www.planalto.gov.br/ccivil_03/_Ato2019-2022/2019/Lei/L13804.htm>. Acesso em: 13 out. 2020.

BRASIL. Lei n. 13.855, de 8 de julho de 2019. **Diário Oficial da União**, Poder Legislativo, Brasília, DF, 9 jul. 2019d. Disponível em: <http://www.planalto.gov.br/ccivil_03/_ato2019-2022/2019/lei/L13855.htm>. Acesso em: 13 out. 2020.

BRASIL. Ministério da Infraestrutura. Conselho Nacional de Trânsito. Resolução n. 110, de 24 de fevereiro de 2000. **Diário Oficial da União**, 10 mar. 2000. Disponível em: <https://antigo.infraestrutura.gov.br/resolucoes-contran.html>. Acesso em: 14 out. 2020.

BRASIL. Ministério da Infraestrutura. Conselho Nacional de Trânsito. Resolução n. 168, de 14 de dezembro de 2004. **Diário Oficial da União**, 22 dez. 2004a. Disponível em: <https://www.camara.leg.br/proposicoesWeb/prop_mostrarintegra;jsessionid=0DD25D2C83D358AD950A64EC079CCB10.proposicoesWeb2?codteor=275715&filename=LegislacaoCitada+-PDC+1557/2005#:~:text=NACIONAL%20DE%20TR%C3%82NSITO-,RESOLU%C3%87%C3%83O%20N%C2%BA%20168%2C%20DE%2014%20DE%20DEZEMBRO%20DE%202004,reciclagem%20e%20d%C3%A1%20outras%20provid%C3%AAncias.>. Acesso em: 13 out. 2020.

BRASIL. Ministério da Infraestrutura. Conselho Nacional de Trânsito. Resolução n. 258, de 30 de novembro de 2007. **Diário Oficial da União**, 6 dez. 2007. Disponível em: <https://infraestrutura.gov.br/images/Resolucoes/RESOLUCAO_CONTRAN_258.pdf>. Acesso em: 13 out. 2020.

BRASIL. Ministério da Infraestrutura. Conselho Nacional de Trânsito. Resolução n. 404, de 12 de junho de 2012. **Diário Oficial da União**, 14 jul. 2012b. Disponível em: <https://antigo.infraestrutura.gov.br/images/Resolucoes/RESOLUCAO_404-12-REPUBLICADA.pdf>. Acesso em: 13 out. 2020.

BRASIL. Ministério da Infraestrutura. Conselho Nacional de Trânsito. Resolução n. 432, de 23 de janeiro de 2013. **Diário Oficial da União**, 29 jan. 2013a. Disponível em: <https://infraestrutura.gov.

br/images/Resolucoes/(resolu%C3%A7%C3%A3o%20432.2013c).pdf>. Acesso em: 13 out. 2020.

BRASIL. Ministério da Infraestrutura. Conselho Nacional de Trânsito. Resolução n. 446, de 25 de junho de 2013. **Diário Oficial da União**, 10 jul. 2013b. Disponível em: <https://infraestrutura.gov.br/images/Resolucoes/Resolucao4462013.pdf>. Acesso em: 13 out. 2020.

BRASIL. Ministério da Infraestrutura. Conselho Nacional de Trânsito. Resolução n. 619, de 6 de setembro de 2016. **Diário Oficial da União**, 8 set. 2016. Disponível em: <https://infraestrutura.gov.br/images/Resolucoes/Resolucao6192016nova.pdf>. Acesso em: 13 out. 2020.

BRASIL. Ministério da Infraestrutura. Conselho Nacional de Trânsito. Resolução n. 772, de 28 de fevereiro de 2019. **Diário Oficial da União**, 1º mar. 2019e. Disponível em: <https://infraestrutura.gov.br/images/Resolucoes/Resolucao7722019.pdf>. Acesso em: 13 out. 2020.

BRASIL. Ministério da Infraestrutura. Conselho Nacional de Trânsito. Resolução n. 778, de 13 de junho de 2019. **Diário Oficial da União**, 17 jun. 2019f. Disponível em: <https://infraestrutura.gov.br/images/Resolucoes/Resolucao7782019.pdf>. Acesso em: 13 out. 2020.

BRASIL. Ministério da Infraestrutura. Conselho Nacional de Trânsito. Resolução n. 780, de 26 de junho de 2019. **Diário Oficial da União**, 28 jun. 2019g. Disponível em: <http://www.in.gov.br/web/dou/-/resolucao-n-780-de-26-de-junho-de-2019-179414765>. Acesso em: 13 out. 2020.

BRASIL. Ministério da Infraestrutura. DENIT – Departamento Nacional de Infraestrutura de Transportes. **Nomenclatura das rodovias federais**. Disponível em: <https://www.gov.br/dnit/pt-br/rodovias/rodovias-federais/nomeclatura-das-rodovias-federais>. Acesso em: 13 out. 2020a.

BRASIL. Ministério da infraestrutura. **Resoluções Contran**. Disponível em: <https://infraestrutura.gov.br/resolucoes-contran.html>. Acesso em: 13 out. 2020b.

BRASIL. Ministério das Cidades. Conselho Nacional de Trânsito. Resolução n. 561, de 15 de outubro de 2015. **Diário Oficial da União**, 24 nov. 2015b. Disponível em: <https://www.in.gov.br/materia/-/asset_publisher/KujrwOTZC2Mb/content/id/33340451/do1-2015-11-24-resolucao-n-561-de-15-de-outubro-de-2015-33340432>. Acesso em: 13 out. 2020

BRASIL. Ministério das Cidades. Conselho Nacional de Trânsito. Resolução n. 706, de 25 de outubro de 2017. **Diário Oficial da União**, 27 out. 2017. Disponível em <https://infraestrutura.gov.br/images/Resolucoes/Resolucao7062017.pdf>. Acesso em: 13 out. 2020.

BRASIL. Ministério das Cidades. Departamento Nacional de Trânsito. Portaria n. 16, de 21 de setembro de 2004. **Diário Oficial da União**, 23 set. 2004b. Disponível em: <https://antigo.infraestrutura.gov.br/images/Portarias-Denatran/2004/Portaria162004.pdf>. Acesso em: 13 out. 2020.

BRASIL. Ministério das Cidades. Departamento Nacional de Trânsito. Conselho Nacional de Trânsito. **100 anos de legislação de trânsito no Brasil**: 1910-2010. Brasília, 2010. Disponível em: <https://www.infraestrutura.gov.br/images/Educacao/Publicacoes/100_anos_Denatran.pdf>. Acesso em: 13 out. 2020.

BRASIL. Senado Federal. Estudos e dados estatísticos apontam aumento do número de vítimas fatais de acidentes com motos no trânsito, mas risco de morte sobre duas rodas é menor para motociclistas profissionais. **Em Discussão - Revista de Audiências Públicas do Senado Federal**, ano 4, n. 13, nov. 2012c. Disponível em: <http://www.senado.gov.br/NOTICIAS/JORNAL/EMDISCUSSAO/motos.aspx>. Acesso em: 13 out. 2020.

BRASIL. Senado Federal. Estudo da Organização Mundial da Saúde (OMS) sobre mortes por acidentes de trânsito em 178 países é base para década de ações para segurança. **Em Discussão - Revista de Audiências Públicas do Senado Federal**, ano 4, n. 13, nov. 2012d. Disponível em: <http://www.senado.gov.br/noticias/Jornal/emdiscussao/

motos/saude/estudo-da-organizacao-mundial-da-saude-oms-sobre-mortes-por-acidentes-de-transito-em-178-paises-e-base-para-decada-de-acoes-para-seguranca.aspx#:~:text=O%20Brasil%20aparece%20em%20quinto,mortes%20por%20acidente%20no%20tr%C3%A2nsito.>. Acesso em: 13 out. 2020.

BRASIL. Senado Federal. Secretaria-Geral da Mesa. Secretaria de Informação Legislativa. Decreto n. 1.733, de 12 de março de 1856. **Diário Oficial da União**, Rio de Janeiro, 31 dez. 1856. Disponível em: <http://legis.senado.leg.br/norma/393937/publicacao/15778988>. Acesso em: 13 out. 2020.

CARDOSO, L. E. dos S. **Sistema Nacional de Trânsito**. Disponível em: <https://www.ctbdigital.com.br/upload/artigos/lcardoso_SNT.pdf>. Acesso em: 13 out. 2020.

CICLISTA. **Dicionário Michaelis on-line**. Disponível em: <https://michaelis.uol.com.br/moderno-portugues/busca/portugues-brasileiro/ciclista/>. Acesso em: 13 out. 2020.

CIDH - Comissão Interamericana de Direitos Humanos. **Convenção Americana sobre Direitos Humanos**. San José, Costa Rica, 22 nov. 1969. Disponível em: <https://www.cidh.oas.org/basicos/portugues/c.convencao_americana.htm>. Acesso em: 13 out. 2020.

COELHO FILHO, O.; SACCARO JUNIOR. N. L. Cidades cicláveis: avanços e desafios das políticas cicloviárias no Brasil. IPEA - Instituto de Pesquisa Econômica Aplicada. **Texto para Discussão**, Rio de Janeiro, mar. 2017. Disponível em: <http://repositorio.ipea.gov.br/bitstream/11058/7521/1/TD_2276.pdf>. Acesso em: 13 out. 2020.

CZERWONKA, M. Bolsonaro diz que pretende retirar e desmembrar PL que altera o CTB. **Portal do Trânsito**, 10 jan. 2020a. Disponível em: <https://www.portaldotransito.com.br/noticias/bolsonaro-diz-que-pretende-retirar-e-desmembrar-pl-que-altera-o-ctb-2/>. Acesso em: 13 out. 2020.

CZERWONKA, M. Dados oficiais mostram queda no número de mortos no trânsito brasileiro em 2018. **Portal do Trânsito**, 9 abr. 2020b. Disponível em: <https://www.portaldotransito.com.br/noticias/dados-oficiais-mostram-queda-no-numero-de-mortos-no-transito-brasileiro-em-2018-2/#:~:text=De%20acordo%20com%20o%20Minist%C3%A9rio,que%20foram%20registradas%2035.374%20mortes.>. Acesso em: 13 out. 2020.

CZERWONKA, M. Nos últimos dez anos, cerca de 200 mil pessoas morreram em acidentes envolvendo motos. **Portal do Trânsito**, 6 set. 2019a. Disponível em: <https://www.portaldotransito.com.br/noticias/nos-ultimos-dez-anos-cerca-de-200-mil-pessoas-morreram-em-acidentes-envolvendo-motos-2/>. Acesso em: 13 out. 2020.

CZERWONKA, M. O que é verdade e o que é fake sobre mudanças que ocorrerão no trânsito em setembro. **Portal do Trânsito**, 9 set. 2019b. Disponível em: <https://www.portaldotransito.com.br/noticias/o-que-e-verdade-e-o-que-e-fake-sobre-as-mudancas-que-ocorrerao-no-transito-em-setembro-2/>. Acesso em: 13 out. 2020.

DETRAN-PR – Departamento de Trânsito do Paraná. **História do trânsito**. Disponível em: <http://www.educacaotransito.pr.gov.br/pagina-141.html#:~:text=1854%20%2D%20Primeira%20locomotiva%20a%20vapor,ferro%20no%20Rio%20de%20Janeiro.>. Acesso em: 13 out. 2020.

DI PIETRO, M. Z. **Direito administrativo**. 24. ed. Rio de Janeiro: Forense, 2011.

DNIT – Departamento Nacional de Infraestrutura de Transportes. **A invenção da locomotiva**. Disponível em: <http://www1.dnit.gov.br/ferrovias/historico.asp>. Acesso em: 13 out. 2020a.

DNIT – Departamento Nacional de Infraestrutura de Transportes. **Breve histórico do rodoviarismo federal no Brasil**. Disponível em: <http://www1.dnit.gov.br/historico/>. Acesso em: 13 out. 2020b.

E-CONDUTOR. **Decisão de Juiz que anula Resolução 778/19 vale somente para Autoescolas do SindiCFC-RS segundo TRF4**. Disponível em: <https://econdutorcfc.com.br/blog/resolucao-778-19-que-passaria-a-valer-em-setembro-esta-suspensa-e-simulador-se-torna-obrigatorio-novamente->. Acesso em: 13 out. 2020.

FENASBAC – Federação Nacional de Associações dos Servidores do Banco Central. **A história do automóvel**. 2017. Disponível em: <http://www.fenasbac.com.br/noticias/a-historia-do-automovel>. Acesso em: 13 out. 2020.

FERRAZ, S. C.; SOUZA, A. P. de. **Primeiros Passos**: Cartilha de capacitação e formação em cidadania de professores e educandos do ensino médio e fundamental. Curitiba: Uninter, 2017. (Série Caminhos para a Cidadania, v. 1). Disponível em: <http://www.cbxzumbi.seed.pr.gov.br/redeescola/escolas/2/580/728/arquivos/File/2017/CARTILHA_PUBLICACAO.pdf>. Acesso em: 13 out. 2020.

FONTANA, G.; MIOTTO, R.; PAIXÃO, A. Placas do Mercosul entram em vigor em todo o Brasil; veja preços. **G1**, 31 jan. 2020. Disponível em: <https://g1.globo.com/carros/noticia/2020/01/31/placas-do-mercosul-entram-em-vigor-em-todo-o-brasil-nesta-sexta-veja-precos.ghtml>. Acesso em: 13 out. 2020.

FRAGOSO, H. **Lições de direito penal: a nova parte geral**. 7. ed. Rio de Janeiro: Forense, 1985.

FUKASSAWA, F. **Crimes de trânsito (Lei n. 9.503/1997, alterada até a Lei 12.971, de 9 de maio de 2014)**. 3. ed. São Paulo: APMP, 2015.

GAGO, T. História do Transporte Urbano no Brasil: curiosidades. **Portal Autoclassic**, 2009. Disponível em: <http://www.autoclassic.com.br/historia-do-transporte-urbano-no-brasil-secao-curiosidades/>. Acesso em: 13 out. 2020.

GRECO, R. **Curso de direito penal**: parte especial. 8. ed. Niterói: Impetus, 2011. v. 2.

GUTH, D. Direito de ir e vir não é direito de dirigir. **Agência Brasil**, 22 set. 2015. Entrevista concedida a Bruno Bocchini. Disponível em: <https://agenciabrasil.ebc.com.br/geral/noticia/2015-09/direito-de-ir-e-vir-nao-e-direito-de-dirigir-diz-cicloativista>. Acesso em: 13 out. 2020.

HONORATO, C. M. **O trânsito em condições seguras**. Campinas: Millennium, 2009.

JESUS, D. de. **Crimes de trânsito**: anotações à parte criminal do código de Trânsito (Lei n. 9.503, de 23 de setembro de 1997). 8. ed. São Paulo: Saraiva, 2010.

JUSTEN FILHO, M. **Curso de direito administrativo**. 3. ed. São Paulo: Revista dos Tribunais, 2008.

KLUMB, R. H. **Petrópolis** [Iconográfico]: La Route Union et Industrie et la Rue de l'Empereur. Imprenta Petrópolis, RJ: [s.n.], 1860.

LUZ, V. P. da. **Trânsito e veículos: responsabilidade civil e criminal**. 7. ed. Leme, SP: JH Mizuno, 2017.

MACEDO, L.; MENDES, G. **Curso de legislação de trânsito**. 6. ed. Salvador: Jus Podivm, 2019.

MENDES, G. F.; COELHO, I. M.; BRANCO, P. G. G. **Curso de direito constitucional**. 5. ed. São Paulo: Saraiva, 2010.

MORAES, A. de. **Direitos humanos fundamentais**: teoria geral; comentários aos arts. 1º a 5º da Constituição da República Federativa do Brasil; doutrina e jurisprudência. São Paulo: Atlas, 2003.

MOTORISTA. **Dicionário Michaelis on-line**. Disponível em: <https://michaelis.uol.com.br/moderno-portugues/busca/portugues-brasileiro/motorista/>. Acesso em: 13 out. 2020.

NETTO, J. F. A. **Curso de História de Petrópolis**. Instituto de História de Petrópolis, 2006. Disponível em: <http://ihp.org.br/?p=4360>. Acesso em: 13 out. 2020.

OBSERVATÓRIO NACIONAL DE SEGURANÇA VIÁRIA. **Indicador**: mortes/população. Disponível em: <http://iris.onsv.org.br/iris-beta/#/stats/maps>. Acesso em: 13 out. 2020.

ONU quer reduzir em 50% os mais de 1 milhão de mortes por acidentes no trânsito. **UOL Notícias**, 19 fev. 2020. Disponível em: <https://noticias.uol.com.br/ultimas-noticias/rfi/2020/02/19/onu-quer-reduzir-em-50-os-mais-de-1-milhao-de-mortes-por-acidentes-no-transito.htm>. Acesso em: 13 out. 2020.

OPAS – Organização Pan-Americana de Saúde. **Segurança de pedestres**: manual de segurança viária para gestores e provisionais da área. Brasília, 2013. Disponível em: https://apps.who.int/iris/bitstream/handle/10665/79753/9789275718117por.pdf;jsessionid=C8EF4FB0DD5DD641E14E5DE75EF003CD?sequence=7. 2013. Acesso em: 13 out. 2020.

PORTELA, F. **Bonde**: saudoso paulistano. São Paulo: Terceiro Nome, 2006.

RABAÇO, H. J. **História de Petrópolis**. Petrópolis: Universidade Católica de Petrópolis, 1985.

RIZZARDO, A. **Comentários ao Código de Trânsito Brasileiro**. 10. ed. Salvador: Jus Podivm, 2019.

SALGADO, H. C. **Meios de transportes e roteiros**. Brasília: MEC; Montes Claros: Instituto Federal do Norte de Minas Gerais, 2015. Disponível em: <http://ead.ifnmg.edu.br/uploads/documentos/rQE8uPcnzX.pdf>. Acesso em: 13 out. 2020.

SANTOS, J. **Trilha de São Vicente até Cusco**: conheça o caminho do Peabiru. Disponível em: <https://www.juicysantos.com.br/tema-da-semana/trilha-de-sao-vicente-ate-cusco/>. Acesso em: 13 out. 2020.

SEGURADORA LÍDER. **Como funciona o combate às fraudes**. Disponível em: <https://www.seguradoralider.com.br/Documents/Combate%20%C3%A0s%20Fraudes-v4.pdf>. Acesso em: 13 out. 2020a.

SEGURADORA LÍDER. **Documentação Despesas Médicas**. Disponível em: <https://www.seguradoralider.com.br/Pages/Documentacao-Despesas-Medicas.aspx>. Acesso em: 13 out. 2020b.

SEGURADORA LÍDER. **Relatório anual 2019**: Seguradora Líder – DPVAT. 2019a. Disponível em: <https://www.seguradoralider.com.br/Documents/Relatorio-Anual-2019.pdf?#zoom=65%>. Acesso em: 14 abr. 2020.

SEGURADORA LÍDER. **Seguro DPVAT**. Disponível em: <https://www.seguradoralider.com.br/Seguro-DPVAT/Legislacao>. Acesso em: 13 out. 2020c.

SEGURADORA LÍDER. Seguro DPVAT pagou mais de 289 mil indenizações em 2019. **Newsletter**, 106. ed., 11 nov. 2019b. Disponível em: <https://www.seguradoralider.com.br/pages/newsletter-detalhe.aspx?cid=414>. Acesso em: 13 out. 2020a.

SEGURADORA LÍDER. **Sobre o Seguro DPVAT**. Disponível em: <https://www.seguradoralider.com.br/Seguro-DPVAT/Sobre-o-Seguro-DPVAT>. Acesso em: 13 out. 2020d.

SEGURADORA LÍDER. STF suspende efeito de MP que extinguiu Seguro DPVAT. **Newsletter**, 115. ed., 20 dez. 2019c. Disponível em: <https://www.seguradoralider.com.br/Seguro-DPVAT/Legislacao>. Acesso em: 13 out. 2020.

SENADO FEDERAL. **Os meus balões**: Alberto Santos Dumont. Brasília: Senado Federal, 2016. (Edições do Senado Federal, v. 198)

STF – Supremo Tribunal Federal. Ação Direta de Inconstitucionalidade n. 6.262/DF. **Tribunal Pleno**, 20 dez. 2019. Disponível em: <http://portal.stf.jus.br/processos/detalhe.asp?incidente=5817441>. Acesso em: 13 out. 2020.

STF – Supremo Tribunal Federal. Recurso Especial n. 1.758.579/RS. **Diário de Justiça**, 4 dez. 2018. Disponível em: <https://stj.jusbrasil.com.br/jurisprudencia/661805201/recurso-especial-resp-1758579-rs-2018-0198130-6>. Acesso em: 13 out. 2020.

STF – Supremo Tribunal Federal. Recurso Extraordinário n. 1.224.374/RS. **Plenário Virtual**, 28 fev. 2020. Disponível em: <http://portal.stf.jus.br/processos/detalhe.asp?incidente=5742361>. Acesso em: 13 out. 2020.

STF – Supremo Tribunal Federal. Súmula Vinculante n. 21. **Diário da Justiça**, 10 nov. 2009. Disponível em: <http://www.stf.jus.br/portal/jurisprudencia/menuSumario.asp?sumula=1255>. Acesso em: 13 out. 2020.

STJ – Superior Tribunal de Justiça. **Informativo de Jurisprudência**, n. 612, Brasília, 25 out. 2017. Disponível em: <https://scon.stj.jus.br/docs_internet/informativos/PDF/Inf0612.pdf>. Acesso em: 13 out. 2020.

STJ – Superior Tribunal de Justiça. Súmula n. 127, de 14 de março de 1995. **Diário da Justiça**, 23 mar. 1995. Disponível em: <https://ww2.stj.jus.br/docs_internet/revista/eletronica/stj-revista-sumulas-2010_9_capSumula127.pdf>. Acesso em: 13 out. 2020.

STJ – Superior Tribunal de Justiça. Súmula n. 405, de 24 de novembro de 2009. **Diário da Justiça**, 24 nov. 2009. Disponível em: <https://ww2.stj.jus.br/docs_internet/revista/eletronica/stj-revista-sumulas-2014_38_capSumula405.pdf>. Acesso em: 13 out. 2020.

TAJRA, A. Justiça dá 7 dias para governo restabelecer radares móveis em vias federais. **UOL Notícias**, Cotidiano, 16 dez. 2019. Disponível em: <https://noticias.uol.com.br/cotidiano/ultimas-noticias/2019/12/16/justica-da-7-dias-para-governo-restabelecer-radares-em-estradas-federais.htm?cmpid&cmpid=copiaecola>. Acesso em: 13 out. 2020.

TAVARES, A. R. **Curso de direito constitucional**. 10. ed. São Paulo: Saraiva, 2012.

TJ-PR – Tribunal de Justiça do Paraná. Recurso de Apelação 0004172-59.2017.8.16.004/PR. **Diário da Justiça**, 30. abr. 2019. Disponível em: <https:// tj-pr.jusbrasil.com.br/jurisprudencia/

834665369/processo-civel-e-do-trabalho-recursos-apelacao-apl-41725920178160004-pr-0004172>. Acesso em: 13 out. 2020.

TJ-RS – Tribunal de Justiça do Rio Grande do Sul. Recurso n. 71007691801/RS. **Diário da Justiça**, 10 jul. 2018. Disponível em: <https://tj-rs.jusbrasil.com.br/jurisprudencia/599006561/recurso-civel-7100 7691801-rs/inteiro-teor-599006589>. Acesso em: 13 out. 2020.

TJ-SP – Tribunal de Justiça do Estado de São Paulo. Apelação Cível 1000846-75.2016.8.26.0022/SP. **Diário da Justiça**, 25 mar. 2019. Disponível em: <https://tj-sp.jusbrasil.com.br/jurisprudencia/689687152/apelacao-civel-ac-10008467520168260022-sp-1000846-7520168260022/inteiro-teor-689687186?ref=juris-tabs>. Acesso em: 13 out. 2020.

TRÂNSITOBR. **Breve história do automóvel no Brasil**. Disponível em: <http://www.transitobr.com.br/index2.php?id_conteudo=141>. Acesso em: 13 out. 2020.

TRÂNSITO IDEAL. **Educador**: breve história do trânsito. Disponível em: <http://www.transitoideal.com.br/pt/artigo/4/educador/66/breve-historia-dotransito#:~:text=Desde%20o%20in%C3%ADcio%20da%20hist%C3%B3ria,para%20transporte%20exclusivos%20de%20pessoas.>. Acesso em: 13 out. 2020.

VALE, I. P. do. O direito ao silêncio ante a imputação ou fundada suspeita nos interrogatórios criminais. **Jusbrasil**, 2014. Disponível em: <https://ioniltonpereira.jusbrasil.com.br/artigos/136657132/o-direito-ao-silencio-ante-a-imputacao-ou-fundada-suspeita-nos-interrogatorios-criminais>. Acesso em: 13 out. 2020.

VIDA. **Dicionário Michaelis on-line**. Disponível em: <https://michaelis.uol.com.br/moderno-portugues/busca/portugues-brasileiro/Vida/>. Acesso em: 13 out. 2020.

ZAMBONI, E.; DIAS, M. de F. S.; FINOCCHIO, S. **Peabiru**: um caminho, muitas trilhas, ensino de história e cultura contemporânea. Florianópolis: Letras Contemporâneas, 2014.

Sobre o autor

Sidney Carneiro Ferraz é Bacharel em Direito (2012) graduado pela Faculdade Estácio de Curitiba, licenciado em História (2015) pela Universidade Estadual de Ponta Grossa (UEPG), pós-graduado em Direito Constitucional (2014) pela Faculdade Internacional Signorelli do Rio de Janeiro e mestre em Direito – Direito, História e Jurisdição (2018), pelo Centro Universitário Internacional Uninter, onde exerce atividades de ensino e pesquisa. Foi professor da Rede Pública de Ensino da Secretária de Educação do Estado do Paraná (SEED-PR) de 2009 a 2013. Advogado da Ordem dos Advogados do Brasil (OAB), seção Paraná, ministra palestras na área de direitos humanos em escolas públicas e privadas e instituições superiores. Participou de projetos voltados para a "Educação do Ensino Jurídico nas Escolas Públicas" no Fórum Social Mundial de Dakar, no Senegal, em 2011, e no Fórum Social Mundial de Túnis, na Tunísia, em 2013. Foi palestrante no Congresso Internacional de Ensino Superior 2014, em Havana, Cuba.

Impressão: Forma Certa Gráfica Digital
Maio/2023

MISTO
Papel | Apoiando o manejo florestal responsável
FSC® C111076